피터 버핏의 12가지 성공 원칙

LIFE IS WHAT YOU MAKE IT

피터 버핏의
12가지
성공 원칙

피터 버핏 지음 진정성 옮김

매일경제신문사

한국의 독자들을 위해《피터 버핏의 12가지 성공 원칙》한국어
판 서문을 쓰게 되어 무척 기쁩니다. 이 책이 국경을 넘어 많은 독
자에게 의미 있게 다가갔으면 합니다.《피터 버핏의 12가지 성공
원칙》은 제가 존경하고 사랑하는 우리 가족에게 배운 최고의 가
치, 즉 열의와 신뢰에 초점을 맞춘 책입니다.

열의와 신뢰는 모두 가슴에서 우러나오는 법이라 생각합니다.
열의를 느끼려면 마음속 가장 깊은 곳에서 들려오는 소리에 귀 기
울일 수 있어야 합니다. 나 자신의 목소리를 제대로 들을 수 있어
야 하는 거지요. 요즘 세상은 너무나 산만하기 때문에, 진정 긍정
적이고 가슴이 뛰는 삶으로 나를 이끌어주는 마음의 소리를 듣기
란 쉽지 않습니다. 제 삶을 돌아보면 저희 아버지, 워런 버핏이 삶

의 열의를 어떻게 찾아야 하는지 보여주는 훌륭한 예였다는 것을 깨닫게 됩니다.

어린 시절, 아버지는 아침마다 '일'을 향한 설레는 마음을 안고 하루를 시작하는 모습을 보여주었습니다. 물론 아버지는 자신의 일을 사랑했으니 일이 힘겨운 노동처럼 느껴지지는 않았겠지요. 아버지는 자신의 '열의'를 찾은 것이었습니다. 아버지가 일한 결과 쌓인 부는 말 그대로 결과물일 뿐, 돈으로 살 수 있는 물건들로 자존감을 채울 필요는 없었던 것 같습니다. 아버지는 가진 것을 늘리는 데는 별 관심이 없었습니다. 부는 그저 스스로 일을 잘해냈다는 증거일 뿐이었습니다.

열의는 스스로의 마음속에서 찾을 수 있는 반면, 신뢰는 바깥으로 마음을 여는 과정에서 생겨납니다. 바깥세상으로 나아가서 내가 열의를 느끼는 목표를 흔들림 없이 좇으려면 세상이 내 소망에 부응해줄 거라 믿는 편이 바람직하겠지요. 세상은 근본적으로 좋은 곳이며, (각자의 기준에서) 더 나은 사람이 되려는 꿈을 지지해줄 거라 믿어야 합니다. 신뢰가 없으면 남는 것은 두려움뿐입니다. 두려움은 진정한 의미에서의 성장을 막는 걸림돌이 됩니다. 두려움이야말로 자신의 열의를 따르지 못하도록 훼방 놓는 주범인 경우가 많죠. 두려움은 다양한 의구심의 형태로 모습을 드러냅니다. 재능이 모자란 건 아닐까? 사람들은 나를 어떻게 평가할까? 돈은 충분히 벌 수 있을까? 내 생각이 틀렸으면 어쩌지?와 같은….

모두 지극히 개인적인 의문입니다. 그러나 이런 의문에 휘둘려 삶의 결정을 내린다면 두려움은 내 아이들, 사랑하는 사람들, 심지어 내가 모르는 이들에게까지도 전해질 수 있습니다. 나아가서는 사회 전체가 신뢰와 열의 대신 두려움에 쫓겨 살아가는 결과를 낳을지도 모릅니다.

신뢰는 여러 방법을 통해 쌓을 수 있지만, 어느 방식을 택하든 다른 사람의 말에 귀를 기울이고 그들을 이해하는 것이 가장 중요하다고 생각합니다. 저희 어머니는 먼 곳에서 온 사람들이 풀어놓는 이야기를 주의 깊게 듣곤 했습니다. 가까이는 (내가 자란) 오마하의 건너편 동네에 사는 사람들의 이야기를 듣기도 했고, 멀리는 지구 반대편에서 온 사람과 이야기를 나누기도 하던 어머니의 모습이 눈에 선합니다. 이야기를 들은 다음에는 애정과 공감을 담아 여러 가지 질문을 던지곤 했지요. 이렇게 다른 사람의 이야기에 귀를 기울여야만 상대를 더 깊이 이해하고 마음이 열리면서 신뢰가 쌓여갑니다. 그런 모습을 보면서 저는 누구에게나 배울 점이 있다는 사실을 깨달았습니다. 다른 사람을 이해함으로써 나 자신을 더 잘 이해할 수 있다는 사실도 배웠습니다. 다른 이의 목소리를 듣는 과정을 통해 세상에서 내 목소리를 낼 방법도 알게 되었지요. 방법은 간단합니다. 신뢰를 바탕으로 전력을 다해 실천하면 됩니다.

실천은 이 책을 마무리하면서 다룬 주제였습니다. 전심전력을 다해 실천하지 않으면 아무것도 이룰 수 없습니다. 그리고 전심을 다해 목표를 좇다 보면 다른 것들은 따라오는 법입니다. 내가 삶에서 열의를 느끼는 분야를 향해 걸음을 내디뎌야만 주변의 지지도 받을 수 있습니다. 두려움에 얽매이지 않고 신뢰를 바탕으로 하나씩 실천해 나간다면, 어느새 새롭고도 놀라운 세상의 지지를 받고 있다는 사실을 깨닫게 될 겁니다. 그리고 살면서 언젠가, 마음과 열정을 따라 개척해온 삶의 놀라운 궤적을 돌아보며 경탄하게 되리라 믿습니다.

피터 버핏

우리 어머니와 아버지께 이 책을 바칩니다.

나 자신답게 사는 것이야말로 일생일대의 특권이다.

— 조지프 캠벨Joseph John Campbell 문화인류학자

프롤로그

이 책에는 내가 누렸던 혜택과 사회에 환원한 혜택, 기대와 의무, 가족과 사회, 그리고 이 모든 것이 어떻게 우리의 삶을 형성해 나가는가에 관한 이야기가 담겨 있다. 현대 사회는 전에 없이 편리한 생활을 미끼로 사람들을 유혹하는 한편 (돈을 비롯한 갖가지 원인 때문에) 불안에 떨게 하며, 종종 삶의 의미를 찾는 여행길에서 길 잃은 채 공허한 기분을 느끼게 한다. 그런 현대 사회 속에서 살아가는 것에 관한 이야기들을 실었다.

또한 이 책은 가치관에 대한 책이다. 세상에 잠깐 머무는 동안 무엇을 하면서 살 것인지 길잡이가 되어주는 개인적인 신념과 확신, 차곡차곡 쌓여 제대로 사는 삶을 만들어가는 작은 행동과 마음가짐을 둘러싼 가치관을 다루었다. 부는 변덕스러워서 없다가도 생기고, 있다가도 없어진다. 그러나 가치관은 자부심이나 마음의 평화처럼 인생에서 가장 중요한 보상을 안겨주는 안정적인 자산이다.

이 책에서 이야기하는 또 하나의 주제는 개인적 정체성이다. 세상 사람 하나하나를 모두 유일무이한 존재로 만들어주는 요소인 소명, 재능, 결정, 특성에 대한 이야기를 담았다.

가치와 정체성. 두 가지는 동전의 양면처럼 생각해야 의미를 좀 더 제대로 이해할 수 있을 것 같다. 사람은 가치관에 바탕을 두고 선택을 하며, 선택은 나아가 그 사람이 어떤 인물인지 정의해준다. 삶은 스스로 만들어가는 것이다. 단순한 개념이지만 그 개념에 바탕을 두고 사람들이 실제로 삶을 만들어가는 방식은 난해하고 가지각색이다. 이를테면 주변에서 거는 기대와 압박에 부응하느라 오히려 자신의 진정한 모습이 흐려질 수 있다. 전반적인 경제 상황도 좋든 나쁘든 삶의 역학에서 큰 부분을 차지하며, 순전히 행운이나 불운에 휘둘릴 수도 있다.

그러나 궁극적으로 내 삶을 만들어가는 것은 나 자신이다. 삶을 설계하는 것은 가장 무거운 짐이자 가장 큰 기회다. 그 사실이야말로 이 책에 담긴 모든 이야기의 바탕이다.

그렇다면 어떤 사람이 되기를 택해야 할까? 매일같이 무수한 선택을 할 때, 장애물이 가장 적은 길을 고를까, 아니면 뿌듯한 성취감을 느끼게 해줄 길을 택할까? 소심한 성격 때문에 주변 사람들에게 친근하고 솔직하고 너른 마음으로 다가가지 못한 채 움츠리고 있는 게 옳을까? 아니면 마음을 열고 건전하고 진솔한 인간관계를 쌓아야 할까? 직장 문제도 마찬가지다. 적당히 생활을 유지하는 선에서 만족할까(아무것도 확신할 수 없는 요즘 세상에서 평생 그렇게 사는 게 가능할지는 모르겠다)? 아니면 스스로의 삶을 창조해나가겠다는 보다 높은 목표로 눈을 돌려야 할까? 어떻게 하면 각자 받은 혜택에 합당한 삶을 살 수 있을까? 적어도 내가 받은 혜택을 세상에 다시 돌려주는 법은 어떻게 배울 수 있을까?

이런 의문에 대한 답은 우리의 마음속에만 존재한다. 나는 다만 이 책을 통해 의문을 제기하고, 생각의 틀을 마련하며, 가능하다면 토론의 장을 열었으면 한다.

누군가는 당신이 뭔데 이런 책을 쓰느냐고 물을지도 모르겠다. 솔직히 대답하자면 나는 '보통 사람'이다. 대단한 철학자나 사회학자도 아니고, 자기계발 전문가가 넘쳐나는 요즘 세상에서 자기계발의 권위자를 자칭하면서 돈을 벌어보려는 것도 아니다. 사실 내가 지닌 유일한 자격이라면 내가 살아온 삶뿐이다. 나는 지금까지 사는 동안, 앞에서 언급한 가치관이나 정체성을 둘러싼 문제의 답을 찾아 오랫동안 곰곰이 생각해야만 했다.

제비를 뽑듯 순전히 운이 좋았던 덕분에(아버지는 "엄마 뱃속에서 따는 복권"이라고 표현한 적이 있다) 나는 사랑이 가득하고, 언제나 나의 결정을 지지해주며, 무엇보다도 정서적 안정감을 길러준 집안에서 태어났다. 그것만 해도 행운인데, 시간이 지나면서 우리 가족은 놀랍고 근사한 보너스를 받은 것처럼 점점 부자가 되고 유명해졌다. 아버지 워런 버핏은 노력, 견고한 직업관, 한결같은 현명함 덕분에 세계에서 손꼽히는 부자이자 존경받는 인물이 되었다. 자식의 입장에서 생각하면 자부심으로 가슴이 뿌듯해진다. 그러나 동시에 그 업적은 모두 아버지의 공일 뿐, 내가 이루어낸 일이 아니라는 것을 잘 알고 있다. 부모가 누구건 사람들 앞에는 스스로 풀어가야 할 자기 몫의 삶이 있는 법이다.

게다가 널리 알려졌듯이 아버지에게는 '부의 상속'에 관한 굳은 신념이 있었다. 아버지는 입에 물고 태어난 은수저가 장차 은장도로 변해 등에 꽂히는 경우가 많다고 믿었다. 생각 없이 물려준 재산은 젊은이의 야망을 좀먹고 열의를 고갈시키며 자신의 길을 찾는 중대한 모험을 떠날 기회를 빼앗는 부적절한 선물이라 여겼다. 아버지는 자신만의 열의를 발견하고 성공하는 과정에서 엄청난 성취감을 느꼈다. 자식이 그런 도전의 기회와 기쁨을 직접 누리지 못하도록 막을 이유가 어디 있겠는가? 그래서 우리 삼남매의 이름으로 된 막대한 신탁자금 따위는 애초부터 없었다. 형과 누나, 나는 열아홉 살이 되던 해 각자 소소한 액수의 돈을 받았고 그 이상 바라면 안 된다는 사실을 똑똑히 이해했다.

언젠가 아버지가 돌아가실 때 산더미 같은 유산을 남기실 리도 없다. 2006년, 아버지는 역사에 남을 만한 대규모의 재산을 사회에 환원했다. 자산의 대부분인 370억 달러(약 52조 원)를 빌과 멜린다 게이츠 재단에 기부한 것이다. 그와 더불어 우리 세 남매가 각기 관리하는 10억 달러 규모의 자선단체도 세웠다.

생각할수록 아이러니하다. 오십 줄에 접어든 내게는 사회에 환원할 10억 달러(약 1조 2천억 원)를 관리하는 엄청난 기회와 책임이 지워진 것이다. 그러나 내가 보기에 나는 여전히 열심히 일해야 하는 작곡가이자 뮤지션이고, 업계의 동료들이 다 그렇듯 저번에 낸 곡의 성적으로 평가받고 다음에 낼 곡의 반응에 가슴 졸여야 한다.

하지만 괜찮다. 나는 스스로 선택했고 진정 좋아하는 일을 하고 있으며, 지금과 다른 삶은 상상할 수조차 없다. 이렇게 생각하는 걸 보면 내가 단순히 아버지의 유전자만 물려받은 것은 아닌 듯하다. 어느새 아버지의 철학도 대부분 몸에 밴 것 같다.

오해는 하지 말기 바란다. 내가 특혜를 누리고 있다는 사실은 아주 잘 알고 있다. 성인으로서의 출발점에서 아버지에게 받았던 지원은 비교적 큰돈은 아니었지만 그래도 대부분의 사람들이 받는 것보다는 많은 금액이었고, 더욱이 내가 힘들여 번 돈이 아니었다.

그리고 유명인사를 부모로 둔 덕에 알게 모르게 유리한 입장에 놓이기도 했다. 특혜를 받았다는 사실을 부인할 마음은 전혀 없지만, 어쨌든 나는 평생 특혜 이면에 숨겨진 의미, 함의, 결과와 씨름해왔다. 나쁜 상황도 좋게 풀어가라는 오랜 격언이 있지만, 반대로 나는 좋은 상황을 좋게 풀어갈 방법을 찾아야 했다.

우리 가족이 중요하게 여기는 성경의 유명한 구절이 있다. "많이 주신 사람에게는 많이 요구하시고, 많이 맡기신 사람에게는 그만큼 더 청구하신다"는 루카 복음서의 한 대목이다. 부모님은 이 구절에 등장하는 '많이 주신 것' 중에서 가장 중요한 '주신 것'은 물질적 가치와는 전혀 상관없다는 사실을 가르쳐주셨다. 부모의 사랑, 절친한 이웃, 따뜻한 우정, 우리가 발전하는 모습에 뿌듯해하며 삶을 영감으로 채워주는 선생님이나 멘토야말로 신이 내리는 가장 큰 혜택이다. 재능, 경쟁력, 다른 이와 공감하고 노력할 수 있는 역량 또한 혜택이다. 이런 혜택을 받았다면 감사히 여기고, 마땅히 되갚아야 한다.

그러나 대체 어떻게 해야 내가 우연히 받은 혜택을 되갚을까? 어떻게 하면 그저 받은 만큼 되갚는 데서 그치지 않고 우리를 둘러싼 조그만 사회의 경계를 넘어 세상 전체를 바꿀 수 있을 만큼 혜택을 확장시킬 수 있을까? 사적인 포부와 사회를 위한 봉사, 개인적 목표와 공공의 이익이라는 상반된 목표를 균형 있게 추구하려면 어떻게 해야 할까? (시대적 유행이나 경기 흐름에 따라 요동칠 수밖에 없는 연봉 또는 사회적 지위에 눈높이를 맞춘 성공이 아니라) 스스로 정의하는 성공, 내 가치관과 본질에 기반을 둔 성공은 어떻게 이루어야 할까?

나 자신도 그렇고, 주변을 둘러보아도 이 문제를 두고 씨름하는 사람들은 무척 많다. 꿈을 좇는 데 위험과 희생이 따르더라도 보편적인 진로에서 과감하게 일탈을 선언하고 자신다운 삶을 시작하려는 젊은이가 한 예다. 아이가 주어진 혜택을 당연한 듯 받는 독선적이고 수동적인 인간이 아니라 감사하는 마음과 모험심을 가진 어른으로 자라나도록 견실한 가치관을 심어주려는 부모도 마찬가지다.

이들뿐 아니라 교사, 간호사, 기업인, 예술가 등 많은 사람들은 우리가 유례없이 풍요롭지만 정작 불평등은 하늘을 찌르는 사회에 살고 있다는 사실을 잘 안다. 이들은 의식이 있는 사람들이다. 그렇기에 자신이 받은 혜택을 소중히 여기고, 그런 혜택을 이용해서 돈을 벌 뿐 아니라 나아가 세상을 변화시키려 한다. 이 책이 자신의 진정한 삶을 찾기 위해 모험을 떠나고 그 여정에서 사회에 도움이 되려는 사람들에게 조그마한 길잡이가 될 수 있다면, 나는 내가 바랐던 일을 해낸 것이다.

▋ CONTENTS

1장

편견을 깨뜨리라

"진짜 워런 버핏의 아들 맞아요? 어쩜 그렇게 보통 사람 같죠!"

살면서 이런 말을 건네는 사람을 꽤 많이 만났는데, 내 귀에는 이 말이 항상 칭찬으로 들린다. 나를 향한 칭찬이라기보다 우리 가족에게 보내는 칭찬 같아서 어쩐지 으쓱해지는 기분이다.

왜냐고? '보통 사람'의 진정한 의미는, 자기 일을 잘해내고 다른 사람들도 편하게 받아들이는 사람이라는 뜻이기 때문이다. 달리 말해, 보통 사람이란 자신의 삶을 멋지게 꾸려갈 최적의 기회를 받은 사람이다.

사람들을 이어주는 공통된 사회적, 정서적 가치관을 먼저 받아들이지 않으면 보통 사람은 될 수 없다. 그리고 그 모든 가치관은 집에서 배운다. 아니, 배우는 것이 아니라 몸에 밴다.

이 같은 가치관은 내가 이 책에 담아낸 모든 이야기의 바탕을 이룬다. 그중 몇 가지를 살펴보고, 어떻게 사람과 사람 사이에서 가치관이 전달되는지 생각해보자.

나는 신뢰의 힘을 믿는다

가치를 중요도에 따라 줄 세워본다면 나는 '신뢰'를 맨 첫머리에 놓을 것이다. 넓은 의미에서 볼 때 신뢰란 세상은 좋은 곳이라는 믿음이다. 세상은 누구나 알다시피 완벽하지는 않지만 좋은 곳이며, 발전시키기 위해 노력을 쏟을 가치가 있다. 세상에서 내 몫을 다하고 더불어 행복하게 살고 싶다면, 세상은 좋은 곳이라는 믿음을 갖는 편이 바람직하다.

세상에 대한 신뢰는 사람에 대한 신뢰와 떼어놓을 수 없는 관계이다. 사람에 대한 신뢰는 인간이란 어느 정도 결점은 있을지언정 근본적으로는 선하다는 믿음이다. 사람은 올바르게 살려고 노력하는 존재다. 물론 살다 보면 갖가지 함정과 유혹 탓에 잘못을 저지르기도 한다. 그러나 이런 잘못은 인간의 선한 천성을 거슬러 간혹 저지르는 실수이지 본성이 아니다. 인간의 진정한 본성은 올바르고 친절하다.

물론 다들 그렇게 생각하지는 않을 것이다. 인간이란 천성적으로 악한 존재라 믿는 사람도 있다. 욕심 많고 매사에 경쟁적이며, 거짓말을 일삼고 남을 속이는 것이 인간의 본성이라 여기는 것이다.

솔직히 말해 나는 인간을 악한 존재로 보는 사람들이 참 안 됐다는 생각이 든다. 그런 이들은 매일의 삶이 버거울 것이다. 친구에게 마음을 열어보이기도 어려울 테고, 직장을 비롯해서 어디서든 누군가가 나를 속이지 않을까 노심초사하고, 끊임없이 중상모략을 하거나 동료를 의심하고, 심지어 사랑하는 것조차도 쉽지 않을 테니 말이다.

인간은 근본적으로 선하다는 믿음은 마음 편하게 인생을 살아가도록 해주는 핵심적인 가치관이다.

이토록 중요한 신뢰라는 감정은 어디에서 오는 것일까? 나는 신뢰란 사랑 넘치는 가정에서 시작되며, 그런 믿음이 모여 점차 밝고 안정적인 사회를 이루어 나간다고 생각한다.

나를 둘러싼 우리 집의 분위기를 돌이켜볼 때, 나는 정말 운이 좋은 편이었다. 불안정하기로 악명 높은 요즘 같은 시대에 우리 가족은 놀라울 정도로 안정적이었다. 내가 자란 집은 1958년 아버지가 약 3만 달러(약 4천만 원)에 산 집이었다. 20세기 초에 유행했던 스타일로 지은 평범하기 그지없는 그 집은 어머니가 어린 시절을 보낸 외가에서 겨우 두 블록 떨어진 곳에 있었다. 게다가 조부모님도 아직 그 동네에 살고 계셨다.

시간이 지나면서 집 주변으로 오마하 시가지가 들어서고 시골과 도시가 묘하게 뒤섞여갔다. 집 앞으로 난 큰길이 시내로 통하는 주요 도로가 되었지만 우리 집은 공포영화에나 나올 법한 물방울 모양의 창문이 있는 조용한 농가 분위기의 시골집 그대로였다. 언젠가는 마당에 옥수수 몇 줄기를 심은 적도 있었다.

길을 건너기 전에 양쪽을 살필 수 있게 되자마자 나는 혼자 외갓집까지 놀러 가도 된다는 허락을 받았다. 우리 집과 외갓집 사이의 공간은 사랑이 넘실대는 오솔길 같았다. 할머니는 지금은 점점 사라져가는 부류에 속한 분이었다. 주부임을 자랑스럽게 여기는 주부였던 것이다. 할머니는 항상 요리나 자질구레한 일을 하거나 집안 곳곳을 손보고 계셨다. 내가 나타나면 할머니는 한입 먹을 때마다 맛있는 사탕이 씹히는 아이스크림을 만들어주셨고, 언제나 내가 그날 학교에서 무엇을 배웠는지 궁금해하셨다. 집으로 돌아오는 길에는 이웃집 사람들이 손을 흔들거나 인사로 자동차 경적을 울려주곤 했다.

한가로워 보인다고? 정말 그랬다. 물론 모든 아이들이 이처럼 고요하고 안정적인 가정환경의 혜택을 받지 못한다는 사실은 잘 알고 있다. 이런 혜택을 받지 못하고 자라난 사람이 세상을 믿는 방법을 배우려면 더 많은 계기가 필요할 것이다. 아무튼 여기서 말하려는 핵심은 어린 시절 내게 안정감과 신뢰를 심어 준 것은 돈이나 물질적 부가 아니었다는 사실이다.

집 평수는 중요치 않았다. 중요한 것은 집안에 가득했던 사랑이었다. 부촌이었는지 아닌지도 중요치 않았다. 이웃끼리 이야기를 나누고 서로 돌봐주는 사이였다는 것이 중요했다. 주변 사람들이 보여준 애정은 내게 사람과 세상이란 근본적으로 선하다는 믿음을 심어주었다. 그 가치는 절대 돈으로 따질 수 없다. 세상에 대한 신뢰는 돈이 아니라 따뜻이 안아주고 숙제를 봐주며 맛있는 아이스크림을 만들어주는 다정한 행동을 통해 쌓이는 것이다.

모든 부모와 사회는 아이들에게 그런 애정과 친절을 듬뿍 안겨줄 수 있어야 한다.

차이 대신 다름을 이해하기

신뢰가 긍정적이고 밝은 자세로 세상을 대하게 해주는 핵심적 가치라면, 관용은 차이와 갈등으로 가득한 현실을 헤쳐나가도록 도와주는 신뢰만큼이나 중요한 가치이다. 세상 사람들의 인종, 종교, 성적 취향, 정치적 성향 등이 모두 엇비슷하다면 사는 게 좀 더 쉬워질지도 모르겠다. 그러나 세상이 얼마나 따분해지겠는가! 다양성은 삶의 양념과 같다. 다양성을 받아들이면 삶은 더 풍부해진다.

반대로 편견이나 선입견에 휩쓸릴 때마다 삶의 폭은 더 좁아지고 빈곤해진다. 직장에서 여성이 남성과 같은 위치에 설 수 없다고 믿는 순간, 인생의 넓이는 절반으로 쪼그라드는 것과 같다. 동성애

자가 싫다면, 전체 인구의 10%를 밀쳐내는 셈이다. 흑인이나 히스패닉 계 사람을 불편하게 느끼는 것도 같은 결과를 낳는다. 관용이 없다면 결국 자신과 같은 생각과 비슷한 외모를 지닌 몇몇 사람만으로 이루어진 답답한 삶을 살게 될 것이다. 인생이 비좁고 지루한 컨트리클럽처럼 변하는 것이다. 그런 세상이 과연 살 만한 가치가 있을까?

관용은 내가 집에서 배운 중요한 가치 중 하나다. 부모님은 1950년대 후반에서 1960년대 초반 사이 벌어진 인권운동에 활발하게 참여하셨다(나는 그 점이 무척 자랑스럽다). 당시 나는 인권운동의 이슈 뒤에 숨겨진 끔찍한 역사와 복잡한 면면을 이해하기에는 너무 어린아이였다. 그러나 인종차별주의가 아직 남아 있고 편협한 사람들이 있다는 사실을 굳이 배울 필요는 없었다. 눈을 똑바로 뜨고 세상을 보는 것으로 충분했기 때문이다.

어머니는 자신의 입장을 숨김없이 밝히는 분이었으므로 '좋은 사람은 어느 인종에나 있다'라고 쓰인 스티커를 차에 붙이고 다녔다. 어느 날 아침 누군가 '어느 인종'에 줄을 그어 지워버리고는 '백인'이라고 휘갈겨 써둔 것을 발견했다. 좀스럽고 바보 같은 만행이었지만 어린 내겐 상당한 충격으로 다가왔다. 당시 나는 인종차별이란 남부의 촌구석에서나 일어나고 텔레비전 뉴스에나 볼 수 있는 것이라 생각했다. 그러나 공정한 정신과 상식의 거점이라 믿어 왔던 고향 오마하에도 인종차별주의자가 존재했던 것이다.

실망스럽기 그지없는 일이었지만 적어도 그 사건을 통해 교훈을 두엇 배웠다. 첫째, 관용이란 그저 하늘에서 뚝 떨어지는 것이 아니며, 사회에 관용적 분위기를 조성하기 위해서는 적극적으로 노력해야 한다는 점이었다. 둘째, 편견은 내가 아닌 다른 사람(이 경우에는 시대에 뒤떨어진 남부 사람)에게나 있는 것이라는 치기 어린 생각은 그 자체로 일종의 편견이라는 사실이었다. 아닌 게 아니라 미국 중서부 지역 사람 중에도 인종차별주의자가 있었으니 말이다.

개인적으로 관용에 대해 진지하게 생각해보게 된 큰 계기가 인종차별 문제와 관련되어 있기는 했지만, 그 외에도 관용 정신이 필요한 영역은 많다.

어머니는 우리 남매에게 종교적 관용 정신을 심어주어야겠다는 확고한 의지가 있었다. 십 대 시절, 어머니는 다양한 예배의 방식을 체험할 수 있도록 여러 종류의 교회에 나를 데리고 다녔다. 목사가 성경 구절을 논하면서 격정적인 집회를 이끌던 남침례교회에 갔던 기억이 난다. 흰 제복을 입은 여자들이 통로에 서서 법열에 취해 혼절하는 신도들을 부축하고 있었다. 한편 시너고그(유대교 예배당)에 가서 낯선 언어로 진행되는 전통 의식을 보며 색다르지만 본질적으로는 같은 경외심을 느껴보기도 했다. 집에는 불교나 힌두교 등 동양의 위대한 종교에 관한 책도 있었다.

어머니는 각각의 신앙체계는 모두 영적인 진리를 향한 진지하고 건전한 접근이라는 사실을 되풀이해 일깨워주었다. 어떤 종교도 전적으로 '올바르다'고 말할 수는 없다. '틀리다'고 볼 수도 없다. 종교는 신에게 가닿기 위한 인간적인(따라서 불완전한) 시도다. 모든 종교가 존중받을 가치가 있다는 것을 나는 어머니에게 배웠다.

모든 종교에는 각자의 의미와 신을 찾으려는 공통된 목표가 있는 만큼, 사람들을 갈라놓는 원인이 아니라 같은 목표를 찾아 헤매는 사람들 사이에 동지애를 불러일으키는 매개가 되어야 한다는 것이 어머니의 생각이었다.

항상 관용 정신을 힘주어 강조했던 어머니를 나는 '달라이 마마'라고 부르곤 했다. 어머니가 중동 사람들에게 이야기할 기회가 있었다면 (그리고 누군가가 귀를 기울였다면) 오늘날 세상은 훨씬 더 평화로운 곳이 되었을지도 모르겠다.

우리 집안에서는 종교와 인종 문제에 대한 관용 정신뿐 아니라 전반적으로 열린 마음을 갖는 것을 중시하는 분위기가 강했다. 언제나 다른 의견과 타인을 존중하고, 항상 나와 반대되는 입장을 이해하려고 노력해야 한다는 이야기를 귀에 못이 박히게 들었다. 그건 도덕적 규범일 뿐 아니라 지적인 문제이기도 했다. 반대편의 시각을 이해하는 것은 지적 능력을 갈고닦는 일이기도 하기 때문이다.

어머니는 고등학교 시절 토론 동아리에서 활동했다. 그래서 그런지 열띠면서도 예의를 잃지 않는 선에서 토론을 즐겼고 덕분에 우리 집 부엌은 항상 활기찼다.

하워드 형도 토론을 잘했다. 그래서 어릴 적에는 짜증이 치밀 때도 꽤 있었다. 가족 토론을 벌일 때면 형은 언제나 재빨리 문제를 이해하고 설득력 있게 말했다. 어휘력도 더 뛰어났다. '그럼에도 불구하고'라든가 '거꾸로 말하면' 같은 표현을 알고 있었으니까. 종종 가족 토론에서 허를 찔리고 논리적으로 밀린 듯한 기분을 느끼긴 했지만 값진 교훈도 배웠다. 그리고 그 교훈 덕에 좀 더 자신 있고 편안하게 토론을 하거나 심지어는 말싸움을 벌일 수도 있게 되었다. 내가 부엌에서 얻은 교훈은 바로 대화에서는 '이기는 사람도, 지는 사람도 없다'는 것이었다.

테니스 경기에서 이길 수는 있다. 야구 경기에서 질 수도 있다. 그러나 토론은 다르다. 토론의 목적은 생각을 공유하고 각기 다른 시각의 장단점을 평가하는 것이다. 솔직히 말하자면 말싸움에서는 지는 사람이 진정한 승자다. 그 토론을 통해 더 많은 것을 배운 사람은 바로 진 쪽이기 때문이다.

진정한 배움은 삶을 현명하게 채우는 것

배움 얘기가 나왔으니 말인데, 우리 가족이 중요하게 여겼던 또 하나의 핵심적인 가치는 교육이었다.

교육의 의미를 좀 더 정확히 정의해야겠다. 요즘 우리가 얘기하는 소위 '교육'은 대체적으로 (심지어 대학교육조차도) 점점 직업훈련처럼 변해가고 있다. 특정 전공을 선택해서 관련 학위를 따고, 그렇게 따낸 학위가 관련 분야의 직장으로 가는 티켓이 되는 것이다. 나는 현실적인 편이므로 그런 현상에 반론을 제기할 생각은 없다. 증권 분야에서 일하거나 경영컨설턴트가 되는 것이 꿈이라면 당연히 MBA 과정을 밟아야 원하는 직장에 취직할 가능성이 높아질 것이다. 로스쿨에 진학하기 위해 정치학을 전공하는 것도 이치에 맞는 선택이다.

다만, 이처럼 비교적 폭이 좁고 목표지향적인 교육은 진정한 배움의 한 단면일 뿐이며 가장 중요한 측면도 아니라는 사실은 짚고 넘어갔으면 한다. 삶은 스스로 만들어가는 것인 만큼 삶을 최대한 풍부하고 성숙하며 보람차게 살려면 특정 전공에 얽매이지 않고 모든 것을 배우려 노력할 필요가 있다. 돈을 벌기 위해 필요한 지식뿐 아니라 전공의 테두리 밖에 존재하는 무수한 주제에 대해 배우려고 애써야 하는 것이다.

넓은 의미의 교육에는 독서를 통해 배우는 것도 포함된다. 독서는 무언가를 배우는 무척 바람직한 방법이다. 나는 할아버지를 보며 책을 통해 배우는 즐거움이 얼마나 큰지 알게 되었다. 할아버지는 조용히 앉아서 책을 읽을 때 얼마나 큰 고요와 기쁨이 찾아오는지 몸소 보여 주셨다. 아직도 할아버지가 바지를 추켜 입고 안락의자에 편히 앉아 옆에 놓인 물컵 속에 틀니를 넣어둔 채 책을 읽으시던 모습이 눈에 선하다. 할아버지는 우리 집안의 학자였다. 내가 중학교에서 라틴어를 배운 것도 할아버지의 영향이 컸다.

라틴어 수업이 쓸모 있었느냐고 묻는다면 별로 그렇지는 않았다. 그러나 라틴어는 역사와 서양 문화의 전통으로의 연결고리이기에 배워두어 나쁠 것은 없었다. 라틴어를 배웠던 것은 배움을 위한 배움에 가까웠다. 할아버지 옆에 앉아 라틴어 숙제를 하는 동안 우리의 유대감은 더욱 깊어졌다. 모르는 단어를 찾아보기 위해 책 뒤편의 낱말 풀이를 함께 넘겨보곤 했으니까.

나는 궁극적으로 교육이란 호기심을 충족시켜주는 것이라 생각한다. 그렇기에 부모가 자식에게 해줄 수 있는 가장 바람직한 일은 아이의 호기심에 계속 불을 붙여주는 것이다. 부모님은 다양한 주제에 관해 대화를 나누거나 책에서 찾아보라는 조언을 자주 해주는 방법으로 내 호기심이 꺼지지 않게 해주셨다. 그래서 궁금한 것이 생기거나 더 많은 정보가 필요한 학교 숙제나 토론을 앞두고 있을 때면 《월드북 백과사전》이나 집에 쌓여 있던 〈내셔널 지오그래픽〉 과월호를 들춰보곤 했다.

지금은 상상하기 어렵지만 불과 삼십여 년 전, 인터넷이 없던 시절에는 어떤 지식을 얻으려면 정말 애를 써서 찾아보아야 했다. 어린 시절 나는 '동아프리카의 조류'나 '아마존의 사람들'을 다룬 기사가 실린 잡지를 찾으려고 오랫동안 쭈그려 앉아 있곤 했다. 이렇게 책을 뒤지는 것은 마치 보물찾기 같았다. 다른 모든 탐험과 마찬가지로 책에서 정보를 찾는 과정에도 서스펜스와 모험, 마침내 바라던 내용을 찾아냈을 때의 기쁨과 보람이 있었다. 검색창에 검색어 몇 개를 쳐 넣는 편이 더 효율적이기는 하겠지만 성취감은 한참 뒤지지 않을까 싶다. 책을 뒤지다가 결국에는 재미 삼아 읽으려고 백과사전을 들고 잠자리에 든 적도 많았다. 다양한 인물, 장소, 물건에 대한 짧은 설명글은 나를 끝없이 매혹하곤 했다.

부모님이 배움의 가치를 심어준 또 다른 방법은 내 학교생활에 적극적으로 관심을 보이는 것이었다. 학교란 아이들이 매일 아침 여덟 시부터 오후 세 시까지 들어갔다 나오는 수수께끼의 벽돌집이며 나와는 전혀 상관없는 곳이라고 여기는 부모가 너무 많은 것 같다. 성적이 괜찮고 품행 관련 지적을 받는 일만 없으면, 이런 부모는 대부분 계속 아이의 학교에 무관심한 채로 남는다. 교사와 학부모 간 상담이나 공개수업이 있기는 하지만 형식적인 행사로 그치거나 심지어 학부모, 교사, 학생 모두에게 고문처럼 괴로운 경험이 될 때도 있다.

우리 어머니의 생각은 달랐다. 어머니는 가끔 내가 다니던 초등학교, 심지어 고등학교에도 나타나곤 했다(어머니도 나와 같은 학교를 나왔기 때문에 길은 잘 알고 계셨다). 그리고 교실 뒤에 조용히 앉아 수업을 참관하고 우리가 무엇을 어떻게 배우고 있는지 지켜보셨다. 어머니가 내 학교생활에 관심이 많았던 덕분에 나는 어쩐지 으쓱한 기분이 들었고 학교생활이 중요하다는 것도 덩달아 깨달았다. 일 년에 두어 번 집에 들고 오는 성적표가 아니라 매일 실제로 무엇을 배우는지가 중요하다는 사실을 알게 된 것이다. 자녀교육에 이렇게 열심히 참여하는 부모가 늘어난다면 아이들도 지적 호기심과 학구열을 유지한 채 학교생활을 해나갈 수 있지 않을까 싶다.

학교생활과 책을 통한 배움은 무척 중요하다. 그러나 개인적으로 그런 배움이 교육의 가장 필수적인 측면은 아니라고 생각한다. 물론 물리나 통계 같은 기술적인 내용을 배우려면 학교나 책을 통해 공부해야 할 것이다. 그러나 배움은 인생을 최대한 풍요롭고 보람차게 만들기 위한 것이라는 좀 더 넓은 관점에서 살펴보면 책과 학교는 배움의 도구가 될 수는 있어도 배움의 본질은 아니다.

교육의 본질은 인간의 본성(내 마음속 가장 깊은 곳에 있는 감정뿐 아니라 나와 전혀 다른 사람의 동기나 욕구까지도 포함한다)을 이해하는 데 있다. 인간의 본성을 이해하는 데에는 백과사전이나 먼지 앉은 낡은 잡지는 물론이고 인터넷조차도 별 도움이 되지 않는다. 다양한 타인과 존중 어린 관계를 맺는 것이야말로 인간의 본성을 이해하는 길이다. 주의 깊게 다른 사람의 이야기를 들어야만 인간의 본성에 대해 알 수 있다.

어머니가 내게 새겨준 모든 교육적 가치 중 가장 의미심장한 교훈도 같은 맥락에 있었다. 어머니는 누구에게나 귀 기울여 들을 이야깃거리가 있다는 사실을 가르쳐주셨다. 바꿔 말하면 누구에게나 무언가 배울 점이 있다는 것이다.

어린 시절 어머니는 내가 가능한 많은 사람을 접하고 그들의 이야기를 들을 수 있도록 갖은 애를 다 쓰셨다. 내가 조그마한 아이였을 때 어머니는 여러 아프리카 국가에서 온 교환학생을 집에 초대하곤 했다. 체코 출신 학생이 한동안 집에 머문 적도 있었다. 집에는 항상 동네 건너편이나 지구 반대편에서 온 손님들이 있었다. 초등학교 시절 점심 때가 되면 종종 어머니가 유럽이나 아프리카에서 온 손님들과 진지하게 이야기를 나누고 있는 모습을 볼 수 있었다. 어머니는 손님들에게 부드러우면서도 예리한 질문을 던졌다. 모국의 삶은 어떤지? 어떤 문제나 갈등이 있는지? 어떤 꿈이나 포부를 품고 있는지? 어떤 신념을 가지고 있는지?

덕분에 나는 질문의 답을 이해할 수 있을 만큼 성장하기도 전에 이런 질문이 중요하다는 것을 자연스레 보고 배우게 되었다.

열의를 낳는 원동력, 나를 행복하게 해주는 일

집안에서 배운 핵심 가치가 하나 더 있다. 자긍심을 기르는 데 무엇보다도 중요한 이 가치의 의의를 가르쳐준 사람은 다름 아닌 아버지였다.

아버지는 나만의 직업관을 갖는 것이 얼마나 중요한지 가르쳐주었다. 우선 우리 집안의 직업관은 무엇인지, 또 그와 거리가 먼 것은 무엇인지 정리하고 넘어가는 게 좋겠다. 열의가 없는 수준을 넘어 치 떨리게 싫은 직장에서 일주일에 60~80시간을 노예처럼 일하며 보내는 의지력과 바람직한 직업관이 같은 의미라고 생각하는 사람이 꽤 많다. 그런 생각의 바탕에는 노력과 극기, 새벽 출근과 야근이 미덕이라는 믿음이 깔려 있다.

그러나 그런 것은 미덕이 아니라 마조히즘에 가깝다. 미덕은커녕 게으르고 생각이 부족하다는 것을 보여주는 증거인 경우도 많다. 그토록 열심히 일하는 사람이라면 왜 그런 노력을 '진정 좋아하는 일'을 찾는 데 쓰지 않는단 말인가?

우리 아버지(지금은 나도 그렇다)가 생각하는 바람직한 직업관의 핵심은 우선 자신을 잘 파악하고 좋아하는 일을 찾아내는 데서부터 시작한다. 그럼으로써 일은 비로소 (심지어, 아니 특히나 어렵고 힘들 때에도) 즐거운 것, 나아가 신성한 것이 된다.

내가 어린아이였을 때 아버지는 대부분 집에서 일했다. 아버지는 침실 옆의 좁고 조용한 사무실에 틀어박혀 내용을 알 수 없는 두꺼운 책들을 주의 깊게 읽었다. 나중에 알고 보니 그 책들은 밸류 라인이나 무디스 등 수천 개의 회사와 주식에 대한 세세한 통계분석 자료였다. 아버지가 탐구했던 주제는 본질적으로 실용적인 분야였지만 아버지가 집중하던 모습은 거의 종교적이었다. 아버지의 성경은 주가수익배율, 경영 성과, 수익 보고서로 이루어져 있었고, 아버지의 자세는 카발라 경전을 연구하는 랍비나 화두를 깨치려는 선승에 필적할 만했다. 아버지의 집중력은 그만큼 격렬하고 순수했다. 일할 때의 아버지는 일종의 신들린 상태였다고 해도 과장은 아닐 것이다. 항상 똑같은 카키 바지와 닳은 스웨터 차림으로 사무실에서 나오던 아버지는 거의 성인 같은 고요한 분위기를 풍겼다. 자아와 일의 완전한 합일을 이루어낸 사람 특유의 고요한 분위기였다.

극도의 육체적 활동이 엔도르핀(통증을 없애고 시간이 느려진 것처럼 느끼게 하며 더없이 행복한 상태에 이르도록 해주는 물질)을 배출한다는 것은 잘 알려진 사실이다. 일에 빠져 있는 아버지의 분위기는 극도의 정신적 활동 또한 엔도르핀을 만들어낸다는 것을 보여주었다. 그런 상태의 아버지를 보면서 나는 단순하지만 의미심장한 교훈을 배웠다. 일이란 모름지기 벅차고 치열해야 한다는 것, 그리고 일이란 모름지기 '나를 행복하게 만들어주어야만 한다'는 것이었다.

아버지의 직업관은 어떻게 장시간 집중력을 쏟아부어 피곤한 결정을 내려야 하는데도 그토록 기운차게 일할 수 있는 근원이 되어주었을까? 가장 중요한 것은 아버지가 돈 때문에 일을 한 것이 아니라는 사실이다. 결국 돈이 따라왔고 아버지가 올린 수익은 당신의 통찰력이 빛을 발했다는 증거가 되었다. 그러나 돈은 어디까지나 부산물에 지나지 않았다. 중요한 것은 일의 '본질'이었다. 무한한 호기심을 품고 자신의 분석과 기업이 실제 이룬 성과를 비교해보며 가치와 새로운 가능성을 발견하는 모험이야말로 아버지가 즐기던 일의 본질이었다.

만약 돈 때문에 일했다면 매일같이 반복되는 업무 속에 아버지의 집중력은 금세 둔해져 버렸을 것이다. 즉, 일이 단지 돈벌이에 그쳤을 것이다. 오랜 세월 동안 아버지의 집중력을 날카롭게 해준 것은 지적 도전, 진지하고 논리적인 게임이었다. 아버지의 일에서 그 부분은 매일 새로운 것이었다.

주변을 둘러보면 바람직한 직업관을 잘못 이해하는 사람들이 자주 눈에 띈다. 예컨대 '금전관'에 대해 이야기하면서 직업관을 논하고 있다고 착각하는 사람들이 있다. 말로는 노동, 자제심, 인내력을 중시한다고 하지만, 이들이 진정 존중하는 것은 그런 가치가 아니라 자제하고 인내하면서 벌어들인 돈이다. 과정보다 대가를 중시하는 것이다.

이렇듯 주객전도가 된 가치관을 둘러싸고 다양한 윤리적, 철학적 논쟁을 할 수 있을 것이다. 그러나 나는 여기서 철저히 실용적인 반론을 제기하고 싶다. 일 자체가 아니라 일의 대가를 중시하는 것이 위험한 이유는, 그 대가가 언제든 사라질 수 있기 때문이다.

아슬아슬한 경제적 위기를 겪어본 이라면 누구나 그 사실을 잘 알고 있다. 회사가 갑자기 도산했다고 해서 아무 잘못도 저지르지 않은 직원이 갑자기 인생의 패배자가 되는 걸까? 또는 세계시장의 판도가 바뀌었다는 이유로 뛰어난 사업가가 하룻밤 새에 실패자로 전락하는 걸까?

이렇게 스스로 통제할 수 없는 변인에 자신의 자긍심을 걸 이유는 없다. 이치에 맞고 굳건한 직업관은 이렇게 변덕스러운 보상이 아니라 일 자체(일을 향한 진지한 목적의식, 열의, 집중력)에 초점을 맞춘다.

이런 가치는 그 누구도 내게서 앗아갈 수 없기 때문이다.

2장

당연한 것은 없음을 알라

이 세상에 태어나기를 원해서 태어난 사람은 없다. 태어나기 전에 부모를 고르거나 어떤 환경에서 태어나게 해달라고 조건을 붙일 수도 없다.

인생은 미국 교외에 있는 아늑하고 편안한 집의 요람에서 시작될 수도, 서아프리카에 있는 움막집의 거적때기 위에서 시작될 수도 있다. 부모가 뉴욕의 펜트하우스에 사는 부자일 수도 있고, 공원에서 간신히 살아가는 노숙자일 수도 있다. 부모가 건강할 수도, 에이즈 같은 불치병에 걸려 있을 수도 있다. 부모가 운동선수나 학자일 수도, 마약중독자나 범죄자일 수도 있다. 부모가 되는 것이 인생에서 가장 중요한 일이라 여기는 금슬 좋은 부부일 수도 있고, 자신의 행동이 어떤 결과를 불러올지 신경조차 쓰지 않고 하룻밤 데이트에 나선 남남일 수도 있다.

삶이 시작되는 원점의 수는 무한하며, 출생의 우연은 새 생명에 중대하고 복잡한 영향을 미친다. 그런데 모두들 편리하게 간과하고 넘어가는 당연한 사실이 하나 있다.

좋은 환경에서 좋은 부모 아래 태어난 사람이 자신이 누리는 유복한 환경에 대해 공치사를 들을 자격은 없다. 그와 마찬가지로 빈곤 속에서 나쁜 부모 아래 태어난 사람더러 좋지 못한 환경에 태어난 책임을 물을 수도 없다. 어떻게 그럴 수 있겠는가? 소위 출생의 복권을 뽑을 때, 우리는 내부에서 결과를 조작하기는커녕 추첨 과정을 구경할 수조차 없다. 아직 세상에 존재하지도 않았으니까.

인생의 시작점에서 행운 또는 불운을 타고나야 마땅한 사람은 없다. 그 누구도 '당연히' 부유하거나 가난하거나, 특권층이거나 하층민이거나, 건강하거나 장애를 안고 태어나는 것은 아니다. 좋은 부모 또는 나쁜 부모를 만나는 것이 '자업자득'은 아니다. 삶의 시작점에서 우연히 일어나는 일일 뿐, 공평과 불공평의 문제가 아니다. 말 그대로 모든 것이 우연의 산물이다.

인생의 시작에 당연이란 없다

이런 우연을 순순히 받아들이기란 쉽지 않다. 행운의 스펙트럼이라는 것이 있다면, 나쁜 쪽 끄트머리에 선 사람은 (이해는 가지만 건설적이지는 못한) 분노를 터뜨리고 세상이 자기편이 아니라는 씁

쓸한 의심을 품는 경우가 많다. 반대로 좋은 쪽 끄트머리에 선 사람도 (납득하기조차 어려운) 이상한 생각을 하는 경우가 있다. 이렇게 행운을 타고 태어난 사람 중 일부는 자신이 부자나 미남으로 태어날 만한 '자격이 있어서' 그렇게 태어났다는 근거 없는 믿음을 갖기도 한다. 말도 안 되는 소리이지만 그렇게 믿고 내심 으쓱한다.

이렇게 잘못된 믿음을 갖게 되는 이유와 그 결과에 대해 생각해보기 전에, 먼저 눈앞의 뻔한 모순을 좀 더 들여다보자.

삶을 시작할 때는 우연이 모든 것을 결정한다. 그 사실을 인정하고 받아들이는 것은 겸허함의 시작점이자 우리 각자가 받은 단 하나의 삶을 최대한 잘 살아가기 위해 필요한 실질적 접근의 출발점이기도 하다.

앞서 썼듯 나는 어렸을 때 모르는 게 있으면 찾아보라는 조언을 많이 받았다. 그 습관은 어른이 된 뒤에도 몸에 배어 있어서, 가끔 무언가 새로운 뜻이 있지 않을까 하는 생각에 사전에서 평범한 단어를 찾아보곤 한다. 당연한 것처럼 받아들이는 관념이나 개념에 무언가 더 깊은 의미가 있지는 않을까 하고.

그래서 찾아보니 영어로 '자격이 있다'라는 뜻을 지닌 단어 'deserve'는 옛 프랑스어에서 나온 말로 13세기 이래 영어에서도 쓰여왔다. 사전에는 이렇게 정의되어 있다. "(행실이나 자질 덕분에…) ~할 만하거나, 자격이 있거나, 당연히 ~할 가치가 있다."

그렇다. '행실이나 자질 덕분에'라는 조건이 명시되어 있다.

다시 말해 자격은 자격에 맞는 행동을 할 때 생겨나는 것이다. 그리고 '자격'이라는 말은 순전히 우연에 좌우되는 태생이 아니라, 어떤 조건의 태생에서든 최선을 다해 살아가는 모습에 어울리는 단어라고 나는 생각한다.

어린 시절 가족들끼리 이야기를 하다가 "당연히 누릴 자격이 있다"는 표현이 튀어나오면 어머니가 질색하던 기억이 난다. 그때는 어머니가 왜 그런 표현을 꺼렸는지 잘 몰랐지만 지금은 알 것 같다. 그 표현은 부정확하게 쓰였을 뿐 아니라 은연중에 무의식적인 편견을 담고 있었던 것이다. 누구는 당연히 성공이나 행복을 누리고 주변의 인정을 받을 자격이 있고, 누구는 그렇지 못하다는 편견이 그 단어의 이면에는 감추어져 있다. 그 점이 어머니의 마음을 불편하게 했을 테고, 나도 지금은 같은 기분을 느끼곤 한다.

'혜택을 당연한 듯 누리는 것'과 '주어진 혜택에 걸맞은 사람이 되는 것' 사이에는 엄청난 차이가 있다. 행운에 걸맞은 사람이 되려면 스스로 그에 맞는 행동을 해야 하기 때문이다.

일단 혜택을 받았다면 그에 합당한 사람이 되려고 노력해서 그 혜택을 진정 내 것으로 만들어야 한다. 어떻게 하느냐고? 이렇게 생각하면 된다. 혜택은 혼자서 누리면 되는 권리가 아니라, 주변에 같은 혜택을 퍼뜨릴 기회이다. 혜택은 고된 일과 난관을 피할 수 있는 공짜 티켓이 아니라 더욱 큰 성취를 이루기 위한 자극제다.

"은총은 스스로 모습을 드러낸다"라는 칼뱅주의 식 주장이 있다. 개념을 간단히 설명하자면 신이 선택받은 사람들에게 특별한 은총을 내렸다는 의미다. 그러나 신의 의중을 알아낼 도리는 없으므로 누가 특별한 은총을 받았는지 알아낼 직접적인 방법은 없다. 그렇기 때문에 은총의 증거는 사람들이 세상에서 이룬 업적 안에서 찾아야 했다. 자신이 애초에 신의 은총을 받은 사람이라는 것을 증명해보이려면 바른 행동을 하고 선을 실천해야 했던 것이다. 얼핏 순환논리처럼 보이지만 윤리적 관점에서 보면 이런 논리의 결과물은 모두에게 유익하다. 모두들 자신이 은총을 받았을 거라 믿고, 은총에 걸맞은 사람이라는 것을 증명해보이기 위해 한층 올바르고 관대하게 행동하게 되기 때문이다.

여기서 신神을 좀 더 보편적인 개념으로 바꾸고 종교적 교리로부터 한 발짝 떨어져 보면 내 말뜻을 더 잘 이해할 수 있을 것이다. 애정 넘치는 부모와 경제적 안정은 일종의 혜택이다. 그것도 자격과는 상관없이 우연히 받은 혜택이다. 내가 그 혜택을 바탕으로 어떤 일을 하는가, 어떻게 그 혜택을 세상에 다시 돌려주는가에 따라 그 혜택은 의미를 지니고 진정 나의 것이 된다.

주어진 혜택을 바탕으로 무엇을 해야 할까? 각자 받은 혜택을 헛되이 하지 않고 세상에 되갚으려면 어떻게 해야 할까? 혜택을 입게 되어 감사하는 마음은 어떻게 표현하면 좋을까?

겉으로 드러낸 모습이 전부가 아니다

태어나면서부터 혜택을 누릴 자격이 있는 사람은 없다는 사실이 분명한데도, 나는 자격이 있다고 어떻게든 믿어버리는 밉살맞은 사람들이 있다. 이들은 신의 주된 업무가 자신의 응석을 받아주고 뒤치다꺼리를 해주는 것인 양, 더 많은 혜택을 달라고 신에게 기원한다. 얼굴도 모르는 조상이 회사를 세우거나 땅을 샀다는 사실이 자신의 가치와 직접적인 관련이라도 있다는 듯이 자기는 유전적으로 남다르다는 궤변을 늘어놓기도 한다. 이런 속물은 이미 행운의 복권을 뽑았는데 어째서 과정에 굳이 의문을 던지느냐면서 우연히 자신에게 돌아온 행운에 관해 고민 한 번 해보지 않는다.

살다 보면 한 번쯤은 이런 사람을 만나게 된다. 학생 때는 전형적인 속물에 부정행위를 일삼고, 직장에서는 자신의 일에 최선의 노력을 다하는 대신 꾀병이나 정치적 술수만 잘 부려도 충분하다고 여기는 사람들 말이다. 그런 이들은 골프를 칠 때는 예절이 엉망이고, 테니스를 칠 때는 스포츠맨십이 없다. 교우관계에 있어서는 같이 어울리면 재미있을지 몰라도 신뢰가 가지 않는 사람들이다.

짧게 말하자면 이들은 스스로 일군 것이 아니라 태어나면서 우연히 얻은 혜택 때문에 망가져버린 사람들이다.

속내를 자세히 들여다보지 않으면 이런 사람을 부러워하기 쉽다. 그런 이들 특유의 모습이 좋아 보인다면 말이다. 이들은 대개 매너가 좋고 멋진 차를 탄다. 요트를 타거나 승마를 하는 등 우아한 취미를 즐긴다. 특별히 똑똑하거나 지적으로 뛰어나지 않아도 명문학교를 나오며 갓 취직하거나 사업을 시작할 무렵부터 이미 폭넓은 인맥을 갖고 있다. 대부분의 사람들이 스스로 길을 닦으며 삶을 살아나가는 것과 달리 이들은 탄탄대로 위를 미끄러지듯 쉽게 걸어간다. 자신이 남보다 앞서 나간다고 확신하며 이런저런 문제를 여유로운 태도로 처리해버리는 이들은 아무 고민도 없이 자신이 원하는 것을 쉽게 얻어내는 것처럼 보인다.

부러워해야 할까?

좀 더 깊이 들여다보면 그리 부럽지만은 않을 것이다.

이런 사람들의 반지르르한 피부와 매너 뒤에는 무언가가 빠져 있다. 겉보기에는 자신감이 넘치는 것 같지만 실은 잘나가는 사람처럼 보이기 위해 몸에 밴 습관일 뿐, 내면은 보잘것없고 유약하다. 비싼 차, 보트, 여름 별장 등 값비싼 장난감을 광적으로 사 모으는 것 또한 목적의식, 지식, 진정한 자부심, 가진 것과 원하는 것

사이의 차이 등 겉보기에는 알아채기 어렵고 더 귀중하며 손에 잡히지 않는 가치의 빈자리를 메우려는 헛된 시도인 경우가 많다.

여유 있는 매력과 세련되고 냉소적인 말투는 종종 부족한 자존감을 가리기 위한 정교한 가면에 불과하다. 자존감은 스스로의 힘으로 보상을 일구어내는 과정에서 생겨난다. 아무리 강조해도 지나치지 않은 사실이다. 이처럼 혜택을 누리고 있지만 마음은 공허한 사람 중에는 힘든 과정을 통해 의미 있는 삶을 일굴 기회를 얻지 못한 경우가 많다. 부모가 사치스럽지만 무의미한 삶을 쥐어준 탓이다. 아버지가 하시던 말씀대로 그들은 입에 은수저를 물고 태어난 것이 아니라, 등에 은장도를 꽂은 채 태어난 셈이다.

나 자신의 힘으로

자식에게서 보람차고 만족스러운 삶을 살 기회를 빼앗으려는 아버지는 없을 것이다. 자부심과 성취감을 찾아 떠나는 모험으로부터 아이의 발목을 붙잡으려는 어머니도 없을 것이다. 자식이 잘되기를 바라는데도 이런 잘못을 저지르는 부유한 부모가 많은 까닭은 대체 뭘까?

부유한 집안이 맞닥뜨리는 문제는 어쩐지 대수롭지 않은 취급을 받는 것도 그 원인 중 하나가 아닐까? 돈으로 행복을 살 수 없다는 것은 누구나 알지만, 행복으로는 돈을 살 수 없다는 생각 또한 은 연중에 널리 퍼져 있는 것도 사실이다. 분명 돈이 있으면 살아가는 데 필요한 것 중 몇 가지를 쉽게 얻을 수 있다(그렇다고 해서 돈이 모든 문제와 아픔을 해결해준다는 비약적인 생각이 옳은 것은 아니다). 빚을 질까 봐 허리띠를 졸라매는 어려운 가정이 너무나 많은 요즈음, 부잣집 아이가 겪는 문제에 공감하기란 쉽지 않은 일이다.

어쨌든, 부유한 집안의 자녀가 여러 문제나 장애물에 직면하는 것은 엄연한 사실이다. 거처할 집이나 끼닛거리가 없는 기본적인 생존의 문제는 아닐지언정, 그들도 현실적이고 심각한 문제를 안고 있다.

많은 임상연구가 그 사실을 뒷받침해준다.《혜택의 대가》라는 책을 쓴 심리학자 매들린 러바인Madeline Levine 박사의 보고서를 읽었다. 러바인 박사는 오랜 기간 진행한 연구를 바탕으로 부유한 가정의 아이들 중 30~40퍼센트가 심리적 문제를 겪는다고 결론지었다. 연구대상에 포함된 10대 여자아이들 중 22퍼센트가 우울증을 앓고 있었다. 전국 평균의 세 배나 되는 수치이다. 우울증으로 고통받는 환자 중 10~15퍼센트는 결국 자살에 이른다.

생각보다 심각한 문제다. 질병으로 발전하거나 자살로 치닫지 않더라도 이런 심리적 문제는 아이들의 마음에 상처로 남는다. 아이에게 의도치 않게 상처를 주는 부모들이 하는 실수에는 어떤 것이 있을까?

가장 근본적인 차원의 실수는 크게 두 가지로 나눌 수 있다. 첫째, 사랑을 돈으로 대신하는 것이다. 이 문제는 자녀교육서와 잡지 기사에 자주 오르내리니 여기서 장황하게 설명할 필요는 없을 것 같다. 그보다는 다들 간과하는 측면을 짚고 넘어가고 싶다. 부유한 부모가 아이에게 지나치게 많은 돈을 쓰고 사랑은 거의 주지 않을 경우, 그 아래 숨겨진 이유는 단순히 부모가 게으르고 자기중심적이기 때문인 경우가 많다. 지갑에 신용카드가 있다면 아이에게 장난감을 사주기는 쉽다. 장난감을 사주면 아이는 잠깐 동안 행복할 것이고 아이가 혼자서 잘 노는 사이 부모는 자신의 흥미를 끄는 일을 할 수 있다. 그러나 아이와 함께 앉아서 같이 놀고 아이의 생각이 어떻게 돌아가는지 보거나 상상력에 불을 지펴주는 일은 훨씬 더 가치 있고, 훨씬 더 많은 노력이 든다. 단, 그렇게 하려면 신용카드만 있으면 되는 것이 아니라 진정한 의미에서 아이와 함께 시간을 보내야 한다.

이와 비슷한 경우가 또 있다. 돈과 인맥을 갖춘 집안에서는 아이를 최고의 학교에 보내는 사치를 누린다. 그러나 일류 학교에 보낸다는 것이 부모가 실제로 아이들의 교육에 적극적인 관심이 있다는 것과 같은 뜻은 아니다. 일류 학교에서 아이는 무얼 배울까? 숙제하는 데 도움이 필요하지는 않을까? 비싼 등록금을 내고 그 학교에 보내는 것이 과연 아이 자신에게 도움이 되는 일일까? 스스로 아이를 돌보고, 질문에 대답해주고, 호기심을 넓혀주는 등 부모로서 다해야 할 책임에서 해방되고 싶어 돈으로 탈출구를 사려는 건 아닐까?

이런 문제에 있어서 아이들은 쉽게 속지 않는다. 아이들은 어른들이 나이가 들면서 곧잘 잊는 지혜를 간직하고 있다. 즉, 돈보다 시간이 중요하다는 사실을 잘 알고 있다. 어른들, 특히 성공가도를 달리면서 인생에서 가장 돈을 잘 벌 수 있는 시기를 만끽하고 있는 어른은 시간보다 돈이 중요한 것처럼 행동한다. 그리고 돈은 남아도는데 시간이 얼마 남지 않을 즈음이 되어서야 어렸을 때 그랬듯이 돈보다 시간이 중요하다는 사실을 다시금 깨닫는다. 그러나 이미 아이들은 다 자라고 가족 간의 유대감은 사라진 다음이다. 함께 보내지 않은 시간은 절대 되돌아오지 않는다.

이런 비극은 해리 채핀Harry Chapin의 노래 〈요람 속의 고양이〉에도 등장한다. 곡 도입부에는 바쁜 아버지의 마음을 표현한 가사가 나오고, 후반부에는 다 커서 바빠진 아들의 목소리가 나온다. 아버지는 아들에게 나중에 재미있게 놀자고 약속하고, 아들은 아버지에게 나중에 좋은 시간을 보내자고 말한다. 그러나 그런 일은 일어나지 않은 채 곡이 끝나버린다.

부유한 부모가 저지르는 두 번째 실수는 아까 했던 이야기와 더 직접적으로 관련되어 있다. 삶이 스스로 만들어가는 것이라면, 삶을 '나 자신의 힘으로' 만들어가는 것이야말로 가장 중요한 과제일 터이다. 주어진 혜택을 활용하지 말라거나 다른 이의 도움을 절대 받지 말아야 한다는 뜻은 아니다. 하지만 어디까지나 미세한 경계선과 회색지대가 존재한다. 아이가 너무 쉽게 삶을 살아가도록 지원을 아끼지 않다 보면 의도치 않게 아이의 자존감을 흔들게 되며, 나아가 견고하고 진정한 자신감의 바탕이 되는 '역경'을 빼앗는 결과를 낳는다.

아버지가 즐겨 인용하는 구절이 있다. "부모는 (능력이 된다면) 자식에게 무엇이든 할 수 있을 만큼 충분히 주되, 아무것도 안 해도 될 만큼 많이 주지는 말아야 한다." 조금 도와주는 것은 괜찮지만 계속 삶의 열차를 무임승차하게끔 두면 결국 자식에게 큰 해를 입히는 결과를 불러올 수 있다. 언젠가는 번쩍번쩍한 멋진 자전거에서 보조바퀴를 떼어야 한다. 시기는 빠를수록 좋다.

부유한 부모가 자식의 삶을 너무 손쉽게 만들어주는 가장 흔히 보는 예는 자녀에게 가업을 물려주거나 선대가 큰 업적을 쌓아둔 분야로 이끄는 일이다. 얼핏 보면 부모의 애정처럼 느껴진다. 평생 잘릴 걱정도 없고 최고가 되는 방법을 익히 알고 있는 분야로 아들을 이끌지 않을 이유가 어디 있는가? 어머니가 이미 명성을 날리고 있는 법조계나 의료계로 딸을 손쉽게 진출시키지 않을 이유가 무엇인가?

그러나 조금 더 생각해보면 어딘가 불편한 문제가 눈에 들어온다. 이런 도움은 진정 누구를 위한 것일까? 가업을 잇는 것은 정말 아들 입장에서 최선의 선택일까, 아니면 단순히 아버지의 허영심을 만족시키기 위한 것일까? 젊은이의 꿈이 중요할까, 아니면 늙은이의 권력과 업적에 대한 집착이 중요한 걸까? 어머니가 자신의 발자취를 따라가는 딸의 앞길을 쉽게 터주기 위해 인맥을 동원하는 것은 또 어떤가? 딸을 도와주는 것과 힘 있는 동료와 서로 뒤를 봐주면서 어머니 자신의 위치를 재확인하는 것, 둘 중 어느 쪽이 주된 목적일까?

자녀를 도와주는 것과 자녀를 이용하여 자신의 꿈을 영속시키는 것은 서로 다르다. 이 질문에 대한 답은 부모 각자의 마음과 양심 속에서만 찾을 수 있다고 나는 믿는다.

우리 부모님의 입장은 명확했다. 부모님은 우리 삼남매가 각자 열의를 느끼는 분야를 찾아내서 최대한의 노력을 기울여 꿈을 좇기를 바랐다. 자신의 삶을 스스로 만들어가고, 우리가 다다른 고지에 부모님이 아니라 우리의 이름이 적힌 깃발을 꽂기를 바라셨다.

확실히 해두는데, 그건 부모님의 바람일 뿐 기대가 아니었다. 부모님은 열의가 느껴지는 분야를 찾는 것이 힘들고 수수께끼에 싸여 있으며, 자유를 주어야 하고, 부모의 압박은 일을 그르칠 뿐이라는 사실을 알고 있었다. 우리 삼남매도 사회적 지위나 금전적 보상이 아니라 얼마나 솔직하게 진심을 담아 자신이 열의를 느끼는 분야를 찾는가가 중요하다는 것을 알고 있었다. 만일 내 꿈이 환경미화원이었다면 부모님은 내가 온종일 청소용 트럭 뒤에 매달려 있어도 마음 쓰지 않았을 터이다. 내가 소명을 따라 일하고 행복하다면 부모님에게는 그것으로 충분했을 것이다.

부모님이 가업에 힘을 보태라거나 아버지가 성공적으로 지나간 길을 따라가라는 압박을 주지 않았냐고? 우리 형 하워드는 농부 겸 사진작가다. 누나 수지는 오마하에서 멋진 두 아이를 키워냈다. 그리고 나는 음악의 길을 택했다. 이 정도면 답이 될까?

내가 증권 분야의 직업을 택했다면 아버지가 도와주셨을까(실제로 월 가에서 일해볼까 15분 정도 고민하긴 했다)? 아마도 그러셨을 거다. 내가 부탁했다면 버크셔 해서웨이에 입사시켜주었을까? 아마 그럴 것이다. 그러나 어느 쪽이든 나는 그저 손쉬운 길을 택한 게 아니라 증권 분야에서 내가 진정한 소명을 느꼈다는 사실을 아버지에게 증명해보여야 했을 것이다. 아버지는 쉬운 탈출구를 만들어주는 해결사 역할을 하지는 않았을 것이다. 쉬운 탈출구 앞에는 지름길이 아니라 함정이 자리하고 있기 때문이다.

당연한 혜택은 없다

앞서 말했듯 자신이 누리는 혜택을 당연한 듯 생각하고, 태어나면서부터 당연히 부유할 자격을 가진 사람은 없다는 자명한 사실을 대수롭지 않게 무시해버리는 독선적인 부류가 있다. 우연히 받은 혜택에 감사하기는커녕 자신은 당연히 특혜를 누릴 자격이 있다고 생각하는 이런 사람들은 세상을 대할 때에도 부정과 불평등이 만연한 현실이 아니라 자신에게 유리한 세상의 단면만을 본다. 물론 특권층에 태어난 사람들 중에도 이런 부류는 극소수에 지나지 않는다. 그런 속물이 되려면 지각도 양심도 없어야 하는데, 다행히도 그런 사람은 많지 않다.

대부분의 특권층 출신자들은 상황을 좀 더 복잡 미묘하게 받아들인다. 대개 자신에게 돌아온 혜택은 순전히 행운이고 과분한 특혜이며 불공평한 세상에서 자신은 운 좋은 편에 속한다는 것을 어느 정도 인정한다. 자신이 받은 특혜를 마음껏 누리고 싶어 하지만 양심 때문에 쉽사리 그렇게 하지 못한다. 혜택을 누리지 못하는 사람이 얼마나 많은지 알면서 어떻게 거리낌 없이 자신에게 돌아온 혜택을 누릴 수 있겠는가?

그와 동시에 자신에게 돌아온 혜택을 마음껏 누리지 못하는 데서 생겨나는 불만도 느낀다. '태어나고 싶어서 부잣집에 태어난 것도 아니잖아. 세상이 불공평한 게 뭐 내 탓인가?'라는 생각이 드는 것이다. 그리고 그런 불만을 갖는 자신에 대한 부끄러움도 느낀다.

이처럼 양심 있는 혜택 받은 사람들은 복잡한 감정의 도가니에 빠진다. 이런 감정을 한마디로 뭉뚱그려 정의하자면 '가진 자의 부채감'이라고 해야 할 것 같다.

'가진 자의 부채감'이란 혜택받은 삶으로부터 기쁨을 빨아내버리는 불쾌한 감정이다. 나는 이런 혜택을 받을 가치가 있는 사람이 아니며, 영원히 그런 자격을 갖추지 못하리라는 어두운 회의감이다. 활기를 앗아가는 무거운 짐이다. 그러나 그런 부채감이 없는 것처럼 행동하기보다는 그 존재를 인정하는 편이 더 낫다는 게 내 생각이다.

속물은 대개 이 대목에서 남몰래 힘들어한다. 겉보기에는 자신감 가득한 모습이 사실 허상에 불과하고, 여유로운 행동거지가 사실은 공허한 내면과 정서적 빈곤을 가리는 가면인 이유가 여기 있다. 프로이트를 비롯한 학자들이 주장했던 것처럼 숨겨두고 묻어둔 문제야말로 오랫동안 나를 괴롭히는 문제이기 때문이다. 혜택의 이면에 있는 책임을 부정한다면 가식적이고 마음 불편한 삶을 살아야 한다. 그러나 가진 자의 부채감이 무엇인지 제대로 파악한다면, 그에 정면으로 맞서 극복해나갈 방법을 찾아낼 수 있을 것이다.

3장

세상은 공평하지 않다는
진실을 깨달으라

정치인과 기업의 리더들은 '공평한 기회'라는 말을 참 즐겨 쓴다.

물론 공평과 평등은 중요한 가치다. 경제적 기회는 공평해야 한다. 정치적 권력 또한 공평해야 한다. 행복을 추구하는 동시에 성취감을 누릴 기회가 공평해야 하듯, 아프면 치료를 받을 권리도 공평해야 한다. 이상적인 세상에서는 '모든 것'이 공평해야 한다.

그러나 우리는 이상적인 세상에 살고 있지 않다.

세상은 복잡하고 매혹적이며 아름답지만, 결코 이상적인 곳은 아니다. 현실 속에서 공평한 기회란 이상적인 바람일 뿐이다. '공평한 기회'는 아무리 긍정적으로 보아도 현실과 동떨어진 목표(물론 함께 노력할 가치가 있는 목표다)에 불과하고, 최악의 경우에는 '진퇴양난'이나 '설상가상'처럼 별 뜻 없는 상투적인 문구로 전락한다. 굳이 고민하거나 정확히 정의할 필요 없이 이야기를 나눌 때 쉽게 주워섬길 수 있는 익숙한 표현 말이다.

완벽한 것이 모두 그렇듯이 공평한 기회는 그저 사상의 영역, 플라톤적인 이상 세계에서나 존재한다. 현실의 삶과 이상이 딱 맞아떨어질 수는 없다. 스포츠의 세계에서는 항상 홈팀과 원정팀, 인기 선수와 2군이 있다. 비즈니스에서는 언제나 더 나은 자격과 적절한 인맥을 갖춘 사람과 그렇게 유리한 고지를 점하지 못한 사람이 있다. 정계에서도 영향력을 떨치는 사람과 그렇지 못한 사람이 있다. 물질적 편안함, 의료, 심지어 수명 등의 측면에서조차 아프리카의 외딴 마을이나 북미원주민 보호구역에서 태어난 아이는 코네티컷 주 교외에서 태어난 아이에 비해 어두운 미래를 마주하게 된다.

세상은 절대 올바르거나 공평하지 않다. 양심을 가진 사람이라면 마음이 불편할 수밖에 없다.

그러나 희망은 있다. 기회가 공평하지 않다는 것을 깨달으면 좀 더 공평한 세상을 만들기 위해 가능한 모든 일을 해야 한다는 책임감이 생겨난다. 공평과 공정을 이루기 위해 노력을 보태면 마음을 좀먹는 '가진 자의 부채감'을 다소 누그러뜨릴 수도 있다.

삶이 불공평하다는 사실을 깨우쳐주고 아무리 작고 하찮은 불평등이라도 해소하려고 노력해야 한다는 도덕적 책임감을 심어준 것은 어머니였다. 어머니는 항상 그랬듯 말로 가르치기보다 세상을 보여주고 스스로 결론을 이끌어내도록 두는 과정을 통해 책임감을 심어주었다.

어머니는 다양한 종교와 예배 방식을 접해보는 것이 중요하듯이 사람은 태어나면서 각기 다른 상황과 기회가 있는 삶을 마주한다는 사실을 이해하는 것도 중요하다고 여기셨다. 어머니는 삶의 모든 방면에 걸쳐 다양한 친구들을 사귀었고, 험하거나 빈곤하다는 평이 돌던 주변 동네에 들를 때면 가끔 나를 데려가셨다. 내가 그 동네에서 본 것은 나와 똑같은 피가 흐르고 마음에는 사랑이, 머리에는 꿈이 가득한 사람들이었다. 그저 자신의 잠재력을 완전히 실현하기에는 좀 더 어려운 상황에 태어났을 뿐, 나와 똑같은 사람들이 그곳에 있었다.

어머니의 시선이 주로 개인적인 곤경에 초점을 맞추었던 것과 달리 아버지는 큰 그림을 보는 분이었다. 아버지의 눈을 통해 나는 기회의 불평등이 사회적 약자뿐 아니라 사회 전체에 악영향을 준다는 사실을 깨달았다.

빌과 멜린다 게이츠 부부와 함께 중국에 다녀왔던 아버지는 형언할 수 없이 많은 사람들이 공장과 농장에서 일하는 것을 보고 큰 충격을 받았다. 그 사람들은 우연히 사회주의 체제하에 태어났다는 이유로 변변찮은 일에 평생을 바쳐야 했다. 그 속에 뛰어난 창업, 발명, 혁신의 잠재력을 지닌 사람들이 얼마나 많을 것인가? 아버지 말마따나 몇 명이나 되는 빌 게이츠가 그 산골짝에서 일하고 있었을까? 재능과 창의성을 지닌 이들이 재능을 꽃피울 기회를 빼

앗기는 바람에 얼마나 많은 예술작품이나 과학적 발견이 현실화
되지 못했을까?

좀 더 공평한 세계를 위한 시작

세계는 불완전하고 기회는 공평하지 않다. 그렇다면 내가 할 수
있는 일은 무엇일까? 어떻게 하면 세상을 조금이라도 더 공평한
곳으로 변화시키는 데 힘을 보탤까? 어떻게 하면 내가 누리는 혜
택을 이용해서 타인의 삶을 더 공평하게 만들 수 있을까? 그리고
어떻게 하면 그 과정을 통해 결과적으로 우리의 삶을 한층 보람차
게 만들어나갈까?

이런 의문에 대한 답은 세상에 사는 사람 수만큼이나 많고 다양
하다. 답의 규모가 커지면 소위 '자선사업'이 되고, 규모가 작은 답
은 일상의 친절한 행동 안에 숨어 있다. 그러나 크든 작든 좋은
답이라면 모두 두어 가지 기본적 전제에 바탕을 두고 있다고 생각
한다.

가장 중요한 첫 번째 전제는 바로 인간은 평등하다는 것이다. 뻔
한 말처럼 들릴지 모르지만 그렇지 않다. 지각 있는 사람들조차 누
군가의 '본질'과 그가 처한 '배경'을 혼동하는 경우가 많다. 배경은

각기 다르지만 본질은 그렇지 않다. (자기 자신을 포함한 모든) 인간의 존엄과 가치를 믿는다면, 배경에 상관없이 모든 인간의 삶에는 동등한 존엄과 가치가 있다는 사실을 깨달아야 한다.

이렇게 근본적인 진실을 이해하지 못하면 친절한 행동마저도 퇴색된다. 자신이 돕는 사람보다 자기가 어느 면에서건 더 우월하다고 느낀다면, 그 도움에는 친절이 아니라 오만이 배어 있다.

두 번째 전제는 자신의 한계가 어디인지 알고 겸허히 인정해야 한다는 것이다. 다른 이를 위해 할 수 있는 일은 단지 노력을 기울이는 것뿐이다. 실제로 얼마나 도움이 되는지, 도움이 되기는 하는지 정확히 알 수 있는 경우는 거의 없다. 남을 도우면서 무언가 변화가 일어나야만 한다고 고집하고 감사를 기대한다면, 그건 자선이 아니라 이기적인 행동이다. 이름을 밝히지 않는 자선가야말로 가장 순수한 자선가인 이유가 여기에 있다.

그뿐 아니다. 남이 무엇을 필요로 하는지 내가 더 잘 안다고 착각한다면 오만이다(식민 시대 개척자와 선교사는 이런 우둔한 신념을 바탕으로 원주민에게 서양식 옷, 윤리, 종교를 전해주고 현지 문화와 전통을 짓밟으면서 그들을 계몽했다고 착각했다).

이와 마찬가지로 어떤 조건이 이롭고 또 해로운지 정확히 판단할 수 있다고 믿는 것도 환상에 불과하다. 삶이란 그렇게 단순하지 않다. 삶에서 회색지대가 차지하는 부분은 꽤 크다.

••

친구 중에 학창 시절 빈곤층 아동을 지원하는 뉴욕아동보조협회에서 아르바이트를 했던 이가 있다. 친구는 소위 노동자 계층 출신으로 뉴욕대를 졸업했다. 장학금과 학자금대출을 받고 학기 중에는 틈틈이 아르바이트를 했으며, 방학 동안에는 하루 종일 일을 해서 학비를 마련해야 했다. 힘든 생활이었지만 친구는 자신이 대학을 아예 가지 못한 사람에 비해 혜택을 누리고 있음을 알고 있었다. 친구가 누린 상대적인 특혜는 금전적 측면에 국한된 것은 아니었다. 배움을 중시하고 지지를 아끼지 않는 가족이 있다는 것도 큰 혜택이었다. 친구의 가족은 배우고자 하는 호기심, 명문대에서도 잘해낼 수 있을 것이라는 자신감을 그에게 심어주었다.

친구가 일했던 아동보조협회 지부는 맨해튼의 이스트 빌리지에 있었다. 지금은 현대적이고 고급스러운 동네가 되었지만 당시 그곳은 방치된 집, 버려진 차, 불타는 쓰레기로 가득한 빈민가였다. 그 지역 공립학교의 학력평가점수는 표준 이하였고 빈곤은 한계점에 다다라 있었다. 어른은 물론 십 대 아이들 사이에서조차 마약이 만연했다. 매일같이 강도와 폭행 사건이 일어났다. 온전한 가정은 찾기조차 힘들 정도였다. 그 동네의 아이들은 태어나자마자 공평한 기회는커녕 갖가지 장애물을 마주해야 했다.

"남자애들 열두어 명이 속한 그룹을 맡게 됐지. 일을 시작해보니 상황이 너무 벅차더군. 아이들과 보낼 수 있는 시간은 고작 일주일에 8~10시간뿐인데 하고 싶은 일은 너무나 많았어. 애들이 처한 상황을 이해하려고 애쓰다가 흔히 보는 실수를 저지르게 되었다네. 상황을 너무 단순하게 본 게 문제였어. 아이들이 지닌 문제가 모두 가난 탓이라고 생각했던 거지. 어쨌든 빈곤은 그 아이들 모두가 공통적으로 갖고 있는 문제였으니까.

그렇지만 아이들을 더 잘 알아갈수록 내 판단이 얼마나 빗나갔는지 깨닫게 되었네. 모든 문제가 가난 탓이라고 생각하는 건 철부지 자선가가 떠올릴 법한 손쉬운 해답이지. 그렇지만 가난만으로는 그 아이들이 어째서 각기 다른지 이유를 설명할 수 없었어. 어떤 애들은 실제 나이보다 훨씬 어린아이처럼 내게 달라붙곤 했지. 대개 아버지가 없는 아이들인 경우가 많았어. 한편 어떤 아이들은 항상 어느 정도 거리를 두고 절대 나를 믿으려 하지 않았어. 주로 마약과 폭력에 찌든 집안 출신 아이들이었네. 어떤 아이들에게 협회 건물은 조용히 앉아 책을 읽을 수 있는 피난처가 되어주었지. 호기심이 사그라지고 공부에 자신감을 잃은 남자애들은 책이란 계집애들이나 읽는 거라는 잘못된 생각을 점점 굳혀가고 있었어. 그리고 문제아들이 있었지. 항상 선을 넘고 혼낼 테면 혼내보라는 식으로 나서는 혈기 넘치는 녀석들 말이야."

그리고 몇 년 뒤, 친구는 우연히 맨해튼의 유명 사립학교 교사로 한동안 근무하게 되었다.

"그 학교에서 일해보니 어땠는지 아나? 놀랍게도 아동보조협회에서 만났던 아이들과 똑같은 행동을 하고 비슷한 문제를 안고 있는 아이들이 많이 보이더군."

친구가 가르치던 학교에는 특별한 학급이 있었다. 이른바 '대기만성형 영재학급'이었다.

"망가진 부자 애들을 부르는 암호 같은 거지. 다른 학교에서 이미 퇴학당했고, 기회를 한 번 더 사기 위해 기꺼이 연 3만 달러의 학비를 내는 부모를 둔 아이들이 모인 반이었어."

그 부잣집 아이들은 어쩌다 그렇게 망가졌을까? 그 아이들은 경제적 관점에서 보면 분명 유리한 입장에 서 있었다. 그런데 왜 상황이 잘 풀리지 않았던 것일까?

"그 뒤로 난 부자 애들과 가난한 집 애들을 나누어 생각하지 않고 둘 사이의 공통점을 보게 되었네. 부자 학교에 다니는 아이들의 부모는 자신의 커리어와 사회생활에 집착하는 경우가 많았지. 몇몇은 심지어 이름만 대면 아는 유명인사였어. 묘하게도 유명인사를 부모로 둔 아이는 아동보조협회에서 본 아버지 없는 아이들과 많이 닮아 있더군. 마음이 약하고, 어른에게 달라붙고, 항상 더 많은 관심을 갈구하고 안심시켜 주기를 바라는 거지. 아이를 매도하거나 무시하는 부모를 둔 아이들은 내가 입을 떼기도 전에 내게 반감과 불신을 품더라고. 게다가 협회에서 일할 때와 마찬가지로 선을 넘는 녀석들도 있었어. 항상 퇴학당하기 딱 좋은 문제를 일으켜서 부모가 나서도록 만드는 아이들이었지."

친구가 경제적 스펙트럼의 양극단에 있는 아이들과 함께한 경험에서 배운 교훈은 무엇일까? 그중 하나는 바로 '혜택'이라는 단어를 '돈'의 동의어로 생각한다면 세상의 드넓은 회색지대를 흑백으로 덧칠해버리고 중요한 사실들을 여럿 간과하게 된다는 점이었다. 좋은 부모라면 형편이 가난하더라도 그로 인한 어려움 몇 가지쯤은 상쇄시킬 수 있다. 반면 좋지 못한 부모는 부유한 환경 덕분에 누릴 수 있는 혜택조차 문젯거리로 만들어버린다. 경제적 상황만을 기준 삼아 아이들을 가르고, 둘 중 어느 쪽이 더 행복하고 사회에 잘 적응하며 최선을 다해 살아갈 준비를 갖추었는지 단정적으로 말할 수는 없다.

친구가 얻은 교훈은 또 있었다.

"협회에서건 학교에서건 나는 아이들을 도와주는 역할이었지만, 내가 가르치기보다는 아이들로부터 배울 것이 훨씬 많다는 것을 알게 되었다네. 가난한 집의 아이들을 보고 나는 정체성의 수수께끼에 관해 많은 것을 배웠네. 겸허하면서도 희망찬 강인한 인격을 갖춘 사람들은 어떤 곤경에 닥쳐도 흔들리지 않지 않나. 그런 용기는 어디에서 올까? 아이들은 어떻게 낙관적인 자세를 유지하는 걸까? 그처럼 힘든 상황에 처한 아이들도 잘 견디는데, 큰 문제 없이 살아가는 우리가 장애물 앞에 굴복한다면 겁쟁이 취급을 받아도 할 말이 없지 않을까?

부자 아이들을 보고는 좀 다른 교훈을 배웠지. 나 자신에 대한 교훈이었어. 사립학교 일을 시작했을 때 사실 마음속에서는 반감이 일었네. 빈부격차에 대한 반감이라고나 할까. 우리 부모님은 3만 달러나 되는 사립학교 학비를 대실 수 없었지. 그런데 이 아이들은 어떻게 값비싼 사립학교에 다닐 수 있나 싶었던 거야. 그렇지만 아이들의 인간적인 면, 상처받기 쉬운 모습과 아픔을 보고 그런 태도를 버려야 한다는 것을 깨닫게 되었어. 나보다 못 가진 사람에게만 동정을 느낀다면 그건 진정한 동정심이 아니지. 동정심은 경제적 배경을 막론하고 남의 도움과 이해심을 필요로 하는 사람이라면 누구에게나 느낄 수 있는 감정이야. 세상 모든 사람에게 느낄 수 있는 감정이어야 하지."

친구는 마지막 교훈이 무엇이었는지도 말해주었다. 앞서 했던 이야기와 가장 깊이 관련된 교훈이다. 여러 경험을 통해 친구의 시각은 더 바람직하게 바뀌었고, 자신이 선 기울어진 운동장도 전보다 마음을 열고 받아들이게 되었다.

"세상 사람은 다 제각각이야. 좋든 나쁘든 나와 완전히 똑같은 조건을 가진 사람은 없고, 무엇이 좋은 조건이고 무엇이 나쁜 조건인지 단언할 수는 없다는 것을 깨달았네. 게다가 조건이란 내가 어떻게 하느냐에 따라 달라지는 것이더군. 진로를 약간만 조절하면 역풍도 순풍이 될 수 있으니까. 배에 뚫린 구멍을 메우다 보면 눈을 찌르던 햇살이 어느새 등에 따스하게 내리쬐기도 하는 거고. 어디에서 삶을 시작하는가는 중요하지 않더라고. 어디로 가는가가 중요한 거야."

모두가 공평한 기회를 갖는 것은 불가능한 이상일 뿐이고 정확히 똑같은 조건을 타고나는 사람은 없다. 혜택을 누리는 사람이 무언가를 성취했다면, 그가 기울어진 운동장에서 유리한 위치에 서 있었다는 점을 고려해야 할까? 그리고 그 성취 자체의 의미도 퇴색되는 걸까?

혜택받는 환경에서 태어난 사람에게는 심각하고 뼈아픈 의문이다. 그들은 자신이 이룬 성과가 진정 스스로의 노력과 재능의 결과물이라 믿을 수 있을까? 유리한 위치에서 시작했고 살면서 여러모로 배경의 덕을 보는 동안, 자존감이 흔들리지는 않을까? 혼자 힘으로 무언가를 일궈냈다고 확신할 때 솟아나는 뿌듯한 성취감을 과연 느낄 수 있을까?

가시적인 성과를 올릴 수 있는 분야라면 별문제는 없다. 스포츠의 세계를 예로 들어보자.

켄 그리피 주니어Ken Griffey Jr는 뛰어난 메이저리그 야구선수의 아들로 태어난 덕분에 선수 생활을 시작하면서 여러 혜택을 누렸다. 어려서부터 아버지의 간판 기술을 배우고 라커룸과 더그아웃에서 뛰어놀며 프로 선수의 정신이 몸에 배었다. 아버지를 아는 코치나 스카우터들도 그를 눈여겨보았다. 그러나 이런 혜택을 받았다고 해서 켄 그리피 주니어가 친 홈런이 아버지의 기록에 남는 것은 아니다. 홀로 타석에 나서서 근사한 홈런을 칠 때, 아버지가 날려주는 홈런이라고 말하는 사람은 없다. 켄 그리피 주니어는 결국 명예의 전당에 입성하게 되었고, 그건 모두 본인의 탁월한 소질과 강인한 노력 덕분이었다.

연예계도 마찬가지다. 배우 케이트 허드슨Kate Hudson은 골디 혼Goldie Hawn의 딸이다. 어머니에게서 사랑스러운 외모를 물려받았을 뿐 아니라 에이전트, 프로듀서, 감독이 즐비한 할리우드 한복판에서 자라나는 혜택 또한 누렸다. 그러나 케이트 허드슨이 배역을 해석하거나 카메라 앞에 설 때, 그녀가 누려온 혜택의 그림자는 화면 너머로 사라진다. 중요한 것은 카메라 앞에 선 순간 보여주는 그녀의 집중력과 재능뿐이다.

또한 세상의 모든 특혜와 연줄을 동원해도 재능과 열정이 없으면 성공을 보장할 수 없다는 사실도 말해두고 싶다. 낸시 시나트라

Nancy Sinatra와 프랭크 시나트라Frank Sinatra 주니어 남매가 그 예다. 남매 앞에는 탄탄대로가 보장되어 있었지만 유감스럽게도 그들의 음악적 재능은 유명한 아버지가 세워둔 높은 기준에 미치지 못했다. 비판할 생각은 없다. 시나트라 남매는 음악의 길을 걸으려고 시도했던 것이고, 그것 또한 좋은 선택이다. 다만 내가 말하고자 하는 것은 성공과 실패, 완벽과 평범 간의 차이가 고스란히 눈에 드러나는 분야에서는 부모에게서 물려받은 혜택과 스스로 이루어낸 업적을 구분하는 선이 상대적으로 뚜렷하다는 사실이다.

그러나 대부분의 사람들은 타율, 오스카상, 그래미상으로 한눈에 성과를 보여줄 수 있는 분야에 종사하지 않는다. 그래서 상황이 복잡해진다. 이 경우, 자신이 이룬 성취가 스스로의 힘으로 일군 것인지 아니면 부모 덕분인지 (마음속으로 최대한 솔직하게) 고민해보아야 한다.

간단하고 결정적인 테스트 방법은 자기 마음속을 잘 들여다보는 것이다. 진로나 인생의 길을 정할 때에는 자신의 진정한 신념에 입각해 선택했는지, 아니면 그 길을 가는 편이 쉽고 유리하기 때문에 그런 결정을 내렸는지 자문해볼 필요가 있다.

나는 진정 하고 싶은 일을 택했는가?

아니면 하고 싶은 일을 할 권리를 포기하고 안전하고 혜택이 보장된 길을 가기로 했는가?

나의 소명은 무엇인가

앞에서 언급했듯이 나 또한 월가에서의 커리어를 잠깐이나마 고민했었다. 월가에서 일했다면 증권 일이 마음에 들었을까? 아마도 아닐 것이다. 일을 잘해냈을까? 모를 일이다. 그러나 확실한 것은 내가 그쪽 분야에 발을 들여놓았다면 엄청난 특혜를 누렸으리라는 사실이다. 아버지에게 잘 보이기 위해서라도 누군가가 나를 고용했을 것이다. 모르긴 몰라도 내가 무사히 승진할 수 있도록 위에서 특별히 뒤를 봐주고 이끌어주었을 것이다. 자르기도 어려웠을 테고.

만일 증권이나 투자에 관심이 있고 월가에서 일하는 것이 내 소명이었다면 그 모든 특혜를 '무릅쓰고' 그 직업을 택했으리라. 워런 버핏의 아들이라 잘 나가는 거라고 사람들이 수군거려도 마음 쓰지 않았을 것이다. 오히려 내가 올린 성과를 나 자신의 업적으로 인정받을 방법을 찾아냈을 것이다. 만일 내가 택한 길이 진정 나의 소명이라고 믿었다면 말이다.

그렇지만 여기서 가장 중요한 단어는 '만일'이다. '만일'은 사람의 운명을 좌우할 수 있는 단어다.

나는 스스로를 돌아보고 (너무도 쉽게) 월가는 나와 맞지 않는다는 결론에 이르렀다. 유불리를 따졌다면 증권계에서 일하는 것이

사리에 맞는 선택이었겠지만, 그랬다면 마음속 깊은 곳에서 무언가 소중한 것을 포기해버린 듯한 기분을 맛보았을 것이다.

자신의 마음속을 들여다보는 것은 다른 누구도 아닌 나만이 할 수 있는 일이다. 나를 대신해서 내 마음을 읽어줄 사람은 없다. 내가 다른 사람을 위해 해줄 수도 없는 일이다. 우리 모두는 열정을 불사르고 싶은 분야가 어디인지 각자 스스로 고민해보아야 한다. 비록 마음속의 열정에 이끌려 가혹하리만큼 불리한 조건이 기다리고 있는 분야로 나아가는 한이 있더라도 말이다.

4장

선택에는 양면이
있음을 알라

십 대가 되었을 무렵 나는 이미 아버지의 남다른 직업관에 익숙해진 상태였다. 또 어머니의 인간관을 통해서도 많은 교훈을 배웠다(어머니는 모든 종류의 사람에 대해 무한한 호기심을 갖고 공감하며 이야기를 듣고 삶을 이해하려는 의지가 강한 분이었다).

그럼에도 불구하고 미래를 결정해야 할 때가 되자 나는 대부분의 십 대 아이들과 마찬가지로 혼란에 빠져 애매한 태도로 일관했고 쉽사리 결단을 내리지 못했다.

심지어 고등학교를 마쳐야 할지(적어도 보통 아이들처럼 졸업을 해야 할지)조차 확신하지 못했다. 막연하게 하루빨리 인생을 개척하고 싶었던 나는 3학년을 건너뛰고 조기졸업을 하는 건 어떨까 생각하게 되었다.

그 시절 나는 사진에 매료되어 있었다. 사진에 흥미를 갖게 된 것은 중학교 2학년 때 클럽활동을 시작하면서부터였다. 반면 스포츠에는 그다지 관심이 없었고, 음악은 단순히 취미처럼 생각하고 있었다. 그때는 무언가 다른 일을 해야 할 것만 같은 생각이 들었다. 혼자서도 문제없이 해낼 수 있고, 내가 어떤 사람인지 보여줄 만한 일 말이다. 사진은 그 조건에 잘 들어맞았다. 고등학생이 되고 나서는 학교신문과 졸업앨범에 정기적으로 작품을 실었다. 여름방학에는 근처의 주간신문사에서 일하기도 했다. 매일 조금씩 사진을 배워나갔고 카메라는 내 정체성의 중요한 부분이 되었다.

작은 성공에 힘입어, 나는 다소 낭만적인 계획을 세웠다. 고등학교를 일찍 마치고 와이오밍 주의 잭슨홀로 이사 간 다음 지구상에서 가장 장대한 경치에 둘러싸여 멋진 야외 풍경을 즐기면서 보도사진작가로 일하며 먹고살겠다는 것이었다.

치기 어린 계획치고는 나쁘지 않았다. 어쨌든 이미 내 이름을 달고 신문에 사진을 실은 적도 있었으니까. 계획을 실천에 옮겼다면 잭슨홀의 신문사에 취직했을는지도 모른다. 일이 어떻게 풀렸을지는 이제 알 도리가 없다. 부모님은 내가 청소년 시절 무엇을 해야 좋을지에 관해서 나와는 상당히 다른 생각을 갖고 계셨기 때문이다. 냉철하고 이치에 맞는 부모님의 기대는 공상에 빠진 사춘기 소년을 쉽사리 설복시켜버렸다.

그리고 나서 상황은 상당히 복잡해졌다. 어려운 의문들이 고개를 들었다. 가족이란 집집마다 다른 법이니 이런 의문에 대한 정답은 없을 것 같다.

이를테면 이런 의문이 들었다. 부모로서 해줄 만한 애정 넘치는 조언과 지나친 간섭을 가르는 선은 어디에 있을까? '도움'이 '통제'로 바뀌는 순간은 언제일까? 부모 노릇은 얼마나 해야 적당하며 아이가 자라남에 따라 그 적정선은 어떻게 바뀌어야 할까? 진로를 결정할 때, 당사자인 청소년에게는 얼마나 많은 선택지가 있고, 얼마만큼의 자유가 필요할까? 자유나 선택지는 많을수록 좋은 것일까?

이런 문제에 있어서 우리 부모님은 근본적으로 모순적인 태도를 취했던 것 같다. 특정 직업을 택하라거나 커서 어떤 사람이 되라고 자식들에게 직접 말하는 것은 부모님의 스타일이 아니었다. 오히려 우리 남매가 자라는 동안 줄곧 들어왔던 조언은 무엇이든 하고 싶은 일을 택하고 마음이 이끄는 대로 따르라는 것이었다.

그러나 삶이란 결코 그처럼 단순하지 않다.

결정은 스스로 내리는 것이고 우리에겐 무한한 선택의 자유가 있다는 부모님의 메시지 이면에는 어떤 선택이 바람직한지 넌지시 귀띔해주고 자유를 제한하는 암묵적인 메시지가 숨겨져 있었다. 이런 은연중의 메시지는 부모님이 우리에게 거는 기대라는 형태로 나타났다. 어느 가정에나 있는 일이다. 이런 암묵적 기대는 굳이 말로 꺼낼 필요조차 없다.

부모님이 우리 삼남매에게 걸었던 무언의 기대 중 하나는 학교에서 최선을 다하는 것이었다. 전 과목에서 A를 받으라고 하시지는 않았지만, 우리 가족은 학교생활을 진지하게 생각하고 공부에 전념하는 것을 당연하게 여겼다. 이런 분위기가 나쁘다고 말하려는 것은 절대 아니다. 오히려 바람직하다. 긍정적인 결과를 낳기 때문이다. 부모님이 내가 좋은 성적을 받아 올 거라 기대한다는 것은 바꿔 말하면 내가 잘해낼 수 있다는 뜻이었다. 기대하는 부모님의 모습을 보고 생겨난 자신감 덕분에 좋은 성적을 내고, 뿌듯한 성취감을 맛보는 선순환이 일어난다.

고등학교를 조기졸업하고 하루라도 빨리 세상에 나가려던 십 대 소년다운 계획 이야기로 돌아가 보자. 바야흐로 중대한 결정을 내릴 시기가 되자, 부모님이 항상 말해 온 메시지는 이면에 숨겨져 있던 메시지와 정면충돌했다. 즉 '네 길을 찾아라'와 '길을 너무 성급하게 찾지는 말고, 길을 찾는 도중에 중간 단계를 건너뛰지도 마라'라는 두 메시지가 맞부딪쳤던 것이다.

성미 급한 십 대 소년에게는 부모님의 상반된 조언이 열정을 가로막고 자유를 훼방 놓는 장애물로만 보였다. 아마도 나처럼 성급한 젊은이들은 나이가 들어서야 그 안에 담긴 더 큰 뜻을 이해하게 되는 것 같다. 물론 나도 그랬다. 세월이 흐른 뒤, 나를 옭아매는 것 같던 부모님의 충고가 그때는 미처 이해하지 못한 귀중한 교훈을 담고 있었다는 사실을 깨닫게 되었다. 부모님은 내 발목을 잡았던 것이 아니었다. 오히려 젊은 시절에만 할 수 있는 멋진 경험을 놓치지 않을까 걱정하는 마음에 내가 성장 과정을 건너뛰고 지나가는 일이 없도록 도와주셨던 것이다. 어른으로서의 기회는 내가 나타나 붙잡아 줄 날을 미래 어딘가에서 기다리고 있을 터였다. 미래를 향한 그 여정에서 지름길을 택하게 되면 득보다 실이 더 많을 수도 있었던 것이다.

아무튼 부모님은 학교를 일찍 마치겠다는 내 결심 때문에 상당히 당황하셨다. 그리고 2학년이 끝나갈 즈음, 결국 어머니가 개입했다. 다행히도 나는 그런 일이 있었다는 사실을 나중에야 알게 되었다. 만약 그 당시 어머니가 개입했다는 걸 알았다면 사춘기 특유의 반항심을 발휘해서 가족 관계를 뒤흔들고 내 미래를 바꿔놓았을지도 모르겠다.

일의 진상은 이랬다.

2학년 말의 어느 날 신문부 선생님이 잠깐 할 이야기가 있다며 부르셨다. 3학년에 올라가면 졸업앨범 편집담당을 맡는 게 어떠냐고 하셨다. 물론 3학년을 건너뛰고 일찍 졸업하겠다는 생각을 접는다면 말이다. 그런 제안을 받은 것은 영광이었다. 게다가 편집담당 경험은 사진 일을 하는 데에도 도움이 될 터였다. 나는 두말하지 않고 그러겠다고 했다(그것만 봐도 내가 잭슨홀로 이사 가는 것을 얼마나 '진지하게' 고민했는지 알 수 있다. 십 대 시절에는 다 그런 법이다).

3학년 말, 나는 어머니가 신문부 선생님과 상담을 했고 두 분이

서 그 계획을 생각해냈다는 것을 알게 되었다.

기분이 어땠냐고? 35년이 지난 지금도 그 생각을 하고 있다는 것만 봐도 내 감정이 얼마나 복잡했는지 감이 오리라 믿는다. 물론 지금은 알고 있다. 그때도 '어느 정도는' 알고 있었다. 어머니가 나를 학교에 붙들어 두려고 선생님을 찾아간 일이 옳은 결정이었다는 것을…. 그리고 설사 그런 일이 없었더라도 신문부 선생님은 내게 앨범 편집을 맡기셨을 거라 믿는다.

그렇다 해도 어른 둘이서 내 진로를 바꾸려고 몰래 계획을 꾸몄다는 사실은 꽤 당혹스러웠다. 어머니의 개입을 감사해야 할지 아니면 원망해야 할지 확신이 서지 않았다. 감사하기도 했고 원망하는 마음도 있었던 것 같다. 물론 어른들이 내가 잘 되기만을 바라셨다는 것은 믿어 의심치 않는다. 하지만 어른들의 개입은 나를 거북하게 했고 마음속에는 불편한 의구심이 남았다. 편집담당을 맡게 된 것은 분명 내가 이룬 성과였다. 그러나 오롯이 혼자 힘으로 해낸 일이라 확신해도 되는 것일까? 올바른 내 운명을 찾아갈 수 있도록 잠시 길 안내를 받은 것뿐이라 생각해도 무방한 걸까? (좋은 의도로 하신 일이라는 건 믿어 의심치 않지만) 부모님이 개입한 탓에 나만의 삶을 찾아가는 여행길에서 탈선하게 된 것은 아닐까?

내 경험담이 깔끔하고 단정적인 결론과 함께 마무리되길 기대했던 독자가 있다면 실망을 안겨주어 미안한 마음이다. 그런 결론은 없었다. 그 일은 쉽게 답을 낼 수 없는 의문을 불러일으켰기 때문이다. 확실히 말할 수 있는 건 부모 노릇이나 자식 노릇은 둘 다 어렵고, 어느 쪽도 완벽할 수는 없다는 사실이다(오히려 부모 역할이나 자식 노릇을 완벽하게 하려다 보면 오히려 위선적인 행동을 하거나 신경쇠약 증세를 겪는 경우가 많은 듯싶다). 애정 넘치는 부모라면 언제나 아이의 성장에 개입하고픈 충동을 느끼게 된다. 가끔은 불가피하게 선을 넘을 때도 있을 것이다. 한편 아이는 항상 어른의 간섭을 못마땅해 할 것이다. 비록 자신이 좋지 못한 결정을 내리더라도 말이다. 그것이 인생이다.

그러나 이처럼 부모자식간의 불가피한 갈등에서 중요한 것은 의견 충돌이 아니라 갈등을 딛고 생겨나는 새로운 공감대와 결정이 아닐까 한다. 잭슨홀로 떠났다면 내 인생이 어떻게 펼쳐졌을지는 이제 아무도 모를 일이다. 그러나 집에 머무르며 학교를 마치는 것이 옳은 결정이었다는 것은 이제 잘 알고 있다. 당시 나는 홀로 세상과 마주할 준비가 되었다고 믿고 싶었다. 하지만 이제 아마도 그때 내가 준비를 갖추지 못한 상태였을 거라는 사실을 인정한다. 그즈음 나는 옳은 결정을 내리고 자유의 사치를 누리는 방법을 배우는 과정에 있었고, 아직 그 방법을 전부 배우지는 못했기 때문이다. 결과적으로 보면 거의 선적인 무언가가 느껴진다. 의지를 관철시키지 않고 오히려 굽힘으로써 내 길을 찾아낸 셈이니까.

아무튼, 나는 고등학교 3학년 시절 만든 졸업앨범에 상당한 자부심을 갖고 있다.

졸업앨범에 얽힌 이야기를 하다 보니 좀 더 보편적인 화제로 이야기가 흘러가는 것 같다. 지금까지와 마찬가지로 애매모호하고 상반되는 감정이 교차하며 어찌 보면 불편할 수도 있는 화제다. 부모가 자식이 혜택을 받을 수 있도록 영향력을 행사할 때 자식에게 미치는 영향에 대해 잠깐 이야기했으면 한다.

앞서 썼듯이 내가 어렸을 때 우리 가족은 세계적으로 유명한 부자가 아니었다. 그러나 십 대가 되었을 즈음 아버지는 이미 상당한 유명인사였고 세상 사람들의 존경을 받았다. 아버지에게는 힘 있는 친구들이 생겼고 웬만한 곳에는 연줄을 댈 수도 있었다. 내가 워런 버핏의 아들이라는 사실과 〈워싱턴포스트〉의 사주 캐서린 그레이엄이 써준 추천서가 스탠퍼드대 입학에 도움이 되었다는 것은 두말할 여지가 없다.

미국의 모든 사립 대학교는 저명한 동문이나 거액 기부자의 자녀에게 특별입학을 허용하고 있다. 이렇게 입학한 학생도 SAT에서 만점을 맞거나 고등학교를 수석으로 졸업하고 입학한 동기들과 잘 어울려 지낸다. 이런 시스템이 공평하냐고? 그렇지는 않다고 생각한다. 그러나 여기서는 시스템 자체의 문제가 아니라 이런 시스템이 개인에게 미치는 영향에 초점을 맞추려 한다.

솔직히 말해 애초에 내가 왜 스탠퍼드대에 가는 데 동의했는지 모르겠다. 그 시절의 내가 더 수준 높은 교육을 받고 싶다는 의욕에 불탔던가? 그랬던 것 같지는 않다. 내가 스탠퍼드대를 다른 학교보다 특별히 더 좋아했던가? 그런 것도 아니었다. 가능한 정확히 말하자면 나는 스탠퍼드대라는 명문대에 입학하는 것이 혜택임을 알고 있었기 때문에 스탠퍼드대에 간 것이었다. 스탠퍼드대 입학은 내가 진심으로 바라는 모험이라기보다 어쩐지 붙들어야 할 것 같은 기회에 가까웠다.

대학생 시절 나는 의무감만 강했을 뿐 의욕도 성취감도 거의 느끼지 못했다. 내가 겨우 세 학기를 다니고 학교를 떠난 까닭도 그와 무관하지 않을 것이다. 그러나 내가 학교를 떠나기로 결심한 데는 또 하나의 이유가 있었다. 나는 내게 스탠퍼드대에 다닐 '자격'이 있는지 확신하지 못했던 것이다.

내가 워런 버핏의 아들이 아니었어도 입학허가를 받을 수 있었을까? 최고의 추천서 없이도 내가 쓴 자기소개서가 인상적이었을까? 내가 평생 일등을 놓치지 않고 입학시험에서도 만점을 받은 학생과 나란히 스탠퍼드대의 강의실에 앉을 자격이 있는가?

날밤을 지새우며 고민할 정도는 아니었지만 그 의문은 내 자존감을 좀먹었다. 그리고 무엇보다 중요한 곳, 바로 내 마음속에서부터 정당성을 뒤흔들었다.

스탠퍼드대에 들어가도록 아버지가 도와준 것이 나쁜 일이었을까? 당연히 아니다. 자식이 잘살도록 돕고 싶지 않은 부모가 어디 있겠는가? 그러나 나는 이것도 명확한 답이 없는 딜레마라고 생각한다. 완벽한 부모나 흠잡을 데 없는 청소년이 되기가 불가능한 원인도 이런 딜레마에 있을 것이다.

이런 문제에 마주하면 겸허해질 필요가 있다. 부모는 대개 자식보다 더 많이 알지만 모든 것을 알지는 못한다. 물론 좋은 의도로 시작하는 일이고 동기도 순수할 거라 믿는다. 하지만 인정할 것은 인정하자. 동기는 부모가 겉으로 시인하는 것보다 복잡할 수도 있다. 주변에 자랑하고 싶어서 자식을 하버드대나 예일대에 보내는 집안도 많은 것이다.

"아, 댁의 자녀분은 일 년이나 유럽을 돌아다니면서 허송세월하고 있다고요? 저희 애는 프린스턴대에서 로스쿨 준비과정을 밟고 있답니다."

과연 어느 집의 자녀가 더 값진 경험을 쌓고 있는지 단언할 수 있을까? 그리고 이 경우, 프린스턴의 값비싼 학비가 자녀의 교육의 대가인지, 아니면 부모의 허영의 대가인지 어떻게 확신할 수 있을까?

가정마다 다른 답이 있을 것이다. 논란을 일으키려는 것은 아니다. 그저 의문을 제기하려는 것뿐이다.

배움이 없는 자유는 위험하고,
자유가 없는 배움은 헛된 일

스탠퍼드대에 머무는 동안 나는 최선을 다했다. 특별히 관심을 둔 분야가 없었던 것은 어찌 보면 오히려 다행이었다. 한 가지 분야에 파고들지는 않았지만 모든 분야가 흥미로웠기 때문이다. 그래서 갖가지 개론 수업을 닥치는 대로 신청했다.

딜레탕트(예술이나 학문 등을 취미 삼아 하는 사람)라 해도 좋다. 하지만 그 단어의 어원을 생각해보길 바란다. 딜레탕트는 이탈리아어의 동사 딜레타레dilettare, 즉 '기쁨을 누리다'라는 단어에서 유래했다. 내가 했던 일은 바로 그것이었다. 다양하고 풍부한 교육 환경 속에서 기쁨을 누렸던 것이다. 당시에는 잘 몰랐지만 그처럼 풍부한 교육의 기회를 접할 수 있다는 것은 스탠퍼드대 같은 학교의 학생이 누릴 수 있는 진정한 혜택이었다. 나는 위대한 철학자들의 사상이 담긴 책을 읽고 기초과학을 공부했으며 문학에도 발을 담갔다. 일단 전공을 결정하면 전공 과제를 하느라 시야가 좁아지고, 전공에 맞추어 회사에 들어가면 경쟁 탓에 선택의 여지가 더욱 좁아질 터였으므로 한시바삐 전공을 결정해야겠다는 생각도 없었다.

인문대의 환경도 폭넓은 호기심에 불을 붙여주었다. 지금 와서 생각해보면 무엇이든 공부해도 좋다는 자유로운 느낌은 대학에 입학하기 전에 집안에서 이미 길러졌던 것 같다. 부모님이 내게 준 모든 선물 중에서 이것이야말로 가장 귀중한 선물이라 해도 과언은 아니다. 내가 부모님으로부터 받은 선물은 삶에 짓눌릴 필요는 없으며, 미리 정해진 틀에 맞추려고 몸을 움츠리는 대신 어떤 삶을 살고 싶은지에 대해 보다 넓은 시각에서 생각해도 된다는 가치관이었다.

• •

신입생 시절, 내가 누리는 자유가 얼마나 드물고도 귀중한 선물인지 알게 해준 사건이 있었다.

어느 날 기숙사 복도를 걷다가 알고 지내던 여학생이 공중전화에 대고 열띤 말투로 통화하는 소리를 듣게 되었다(휴대폰이 없던 그 시절, 대학생들은 복도의 공중전화에서 수신자 부담으로 집에 전화를 걸곤 했다). 통화 내용을 엿듣거나 끼어들고 싶지 않았던 나는 조용히 자리를 떴다.

잠시 후, 그 친구는 울면서 복도를 걸어왔다. 나는 무슨 일이냐고 물었다. 알고 보니 그녀는 기쁨과 안도의 눈물을 흘리고 있었다. 아버지와 방금 통화하면서 자신이 얼마나 불행한지, 또 삶이 얼마나 벅차게 느껴지는지 털어놓았다고 했다. 친구는 지금처럼 전공 공부를 계속해야 한다면 불행한 미래, 심지어 실패한 미래밖에 보이지 않는다고 아버지에게 솔직하게 말했다. 아버지는 신중하게 딸의 하소연을 듣고는 의사가 되지 않아도 좋다고 했다. 변호사가 되어도 괜찮다고. 압박감에서 해방된 친구는 눈물을 닦고 미소 띤 얼굴로 말했다.

"정말 잘된 일이지?"

거기 서서 뭔가 도움이나 격려가 될 만한 말을 하려고 애썼지만 정작 내 머릿속에 떠오르는 것은 한마디뿐이었다. "선택지가 있다니 다행이야… 그런데 그게 전부야? 의사 아니면 변호사 중에 골라야 해? 네가 할 수 있는 일이 얼마나 많은데, 고작 두 가지 중에 골라야 한다는 게 말이 돼?"

그때 뭐라고 말했는지는 기억나지 않는다. 말없이 고개만 끄덕였는지도 모르겠다. 그러나 그 사건을 계기로 나는 많은 것에 대해 생각하게 되었다. 당연한 일이지만 여러 선택지와 사람들의 선택에 관한 고민이 머릿속을 맴돌았다. 선택지와 혜택 사이의 복잡하고도 모순적인 관계에 대해서도 생각하게 되었다.

혜택이란 무엇일까? 돈, 또는 돈으로 살 수 있는 물건만이 혜택이라고 생각하는 사람들이 너무나 많다. 편안한 집에 살면서 양질의 음식을 충분히 먹고 좋은 옷을 입으며 여름에는 시원하고 겨울에는 따뜻한 침대에서 잠드는 것이 혜택이라 믿는 것이다. 물론 그런 것들도 혜택에 속한다. 그러나 과연 그게 혜택의 본질일까? 내 생각은 다르다.

삶은 스스로 만들어가는 것이고 내가 원하는 삶을 만들어가는 쉽지 않은 도전에 뛰어들기로 결심했다면 '혜택'은 곧 폭넓은 선택지를 의미해야 한다는 것이 내 생각이다.

일단 부를 기준으로 볼 때 혜택을 누리지 못하는 수많은 사람들을 떠올려 보자. 정부 부패와 교육의 부재 때문에 근근이 생계를 잇는 농부나 야윈 소 몇 마리를 돌보는 소치기로 남을 수밖에 없는 아프리카 사람들을 생각해보자. 깨진 가정과 깊게 드리운 절망감 때문에 미래의 전망조차 어두워져버린 원주민 보호구역 출신의 가난한 북미원주민이나 빈민가의 젊은이는 또 어떤가. 사회적 시스템 때문에 공장이나 농장에 갇혀 평생 일만 하는 중국의 노동자도 마찬가지다. 이런 처지에 놓인 사람들은 살아가는 것만도 버겁다. 자신과 가족을 위한 음식과 쉼터를 구하는 것이 가장 중요한 과제가 될 수밖에 없다. 이들에게는 경제적 안정과 물질적인 풍요로움뿐 아니라 '선택의 여지'도 없다. 생각해보면 선택의 여지가 없다는 것은 돈이나 집이 없는 것과 똑같이 가혹하다. 배고픔과 목마름은 하루하루 채워나갈 수 있다. 그러나 변화와 새로운 가능성을 향한 열망은 평생 채워지지 못할 수도 있으며, 심지어 문제의 원인이 대물림되기도 한다.

반면 스탠퍼드대에서 만난 그 친구는 분명 혜택받은 사람이었다. 부유한 집안 출신인 데다 세계적 수준의 교육을 받을 기회를 갖고 있었다. 이론상으로 볼 때 그녀의 선택지는 거의 무한했다.

그러나 정작 현실을 들여다보면 사회적으로 인정받는 적절한 직업에 관한 가족의 편견 때문에 그녀에게 주어진 선택지는 거의 없었다. 물론 의사나 변호사가 되는 것이 나쁘다는 뜻은 아니다. 진정 의사나 변호사가 되고 싶다면 말이다. 그러나 친구의 경우 자신이 무엇을 원하는지는 삶에 별다른 영향을 미치지 못했다. 미래는 이미 정해져 있었고, 친구는 주변 사람들이 자기 미래를 쥐고 흔들도록 내버려두었다.

다시 말해 그녀는 혜택을 누리고 있었음에도 불구하고 마치 혜택받지 못한 사람처럼 행동했다. 얼마나 안타까운 일인가? 그녀의 부모님은 한 손으로는 무한한 가능성을 주고 다른 손으로는 그 가능성의 대부분을 앗아가고 있었다. 친구가 교사나 무용수가 되고 싶었다면 어땠을까? 수입은 안정적이지 않더라도 더 큰 성취감을 주는 수많은 직업 중 하나를 택하려 했다면? 그녀의 진정한 소명이 (적어도 그 시대에는) 그다지 인정받지 못했던 분야를 향해 뻗어 있었다면?

물론 친구의 부모님도 자식이 잘되기만을 바랐을 것이다. 아니면 적어도 그렇게 믿었을 것이다. 친구가 물질적으로 편안하고 사회적으로 인정받는 삶을 살기를, 그러기 위해 '올바른' 결정을 내리기를 바랐을 것이다.

그러나 안전하고 편리하고 당연한 선택이 올바른 선택은 아니다. 다른 이가 대신 내려준 결정이 올바른 선택인 경우 또한 드물다. 모든 조건이 갖추어져 있는데도 경직되고 좁은 선택지 안에서 결정을 내려야 한다면, 그거야말로 혜택의 낭비가 아닐 수 없다.

스탠퍼드대 시절 친구의 일화와는 대조적이고 좀 더 행복한 이야기를 하나 해야겠다.

부처나 노자가 한 말이라 해도 놀랄 것 없는 구절인데 종종 차의 범퍼에 붙은 스티커나 티셔츠에 등장하는 격언이 하나 있다.

"방랑하는 이가 모두 길을 잃은 것은 아니다."

나는 이 말에 진실의 핵심이 들어 있다고 믿는다. 물론 방랑하는 이들 중에는 정말 길을 잃은 사람도 있을 것이다. 그러나 길을 찾으려면 우선 선택의 미로 속을 헤매야 하는 경우도 많다.

최근에 거의 매 학기에 전공을 바꾸던 친구의 친구에 관한 이야기를 전해 들었다. 그는 엔지니어가 되겠다며 대학에 들어갔다. 그러나 얼마 지나지 않아 콘크리트나 엔지니어링 현장이 지겨워졌고, 좀 더 이론적이고 추상적인 학문을 동경하게 되었다. 그래서 전공을 물리학으로 바꾸었다. 물리학은 잠시 동안 그의 흥미를 끌었지만 이 친구는 곧 자신이 좋아했던 물리학의 핵심은 아름답고

질서정연한 패턴이라는 것을 깨달았다.

그렇게 해서 더욱 추상적이고 전적으로 패턴에 관한 학문인 수학으로 전공을 바꾸었다. 자신의 세계가 지나치게 추상적으로 변해가고 있다고 느낄 때까지 한두 학기 동안 수학은 그의 흥미를 붙들어 두었다. 시간이 지나자 그는 다시 직접 눈으로 보고 손으로 만질 수 있는 것을 갈망하기 시작했다.

다시 전공을 바꾸었고, 이번에는 학교도 바꾸었다. 일이 이렇게 되었으니 부모님도 당연히 자식 걱정으로 머리를 쥐어뜯고 있었고 친구들조차도 그가 천재인지 아니면 구제불능의 괴짜인지 헷갈릴 정도가 되었다. 그는 드로잉과 회화를 하겠다며 로드아일랜드 디자인 스쿨에 입학해서 순수미술을 전공하기로 했다.

보기보다 엉뚱한 선택은 아니었다. 그 친구는 아름다운 패턴에 집착했던 것이다. 수학의 멋진 패턴은 눈에 보이지 않는 것이었으므로 친구는 어떻게든 패턴을 눈앞에 구현하려 했다. 선, 구성, 색채를 조합해서 직접 패턴을 그려보는 게 어떨까 하는 생각이 들었던 것도 당연한 수순이었다.

그러나 이번에도 똑같은 일이 벌어졌다. 회화도 그에게 잘 맞지 않았던 것이다. 우선 그는 자신에게 충분한 재능이 있는지, 지적인 영감을 실제 작품에 담아낼 수 있는지 확신하지 못했다. 그리고 그는 화가의 삶이 지나치게 고독하며 대부분의 사람이 살아가는 방식과 일상으로부터 동떨어져 있다는 것을 깨달았다.

그래서 또 한 번 전공을 바꾸고 건축학도로 변신했다. 건축은 협동적이고 사회적인 분야였다. 예술인 동시에 실질적인 학문이었다. 건축디자인은 물리학과 수학 지식을 필요로 했다. 게다가 그동안 쌓은 드로잉 실력과 패턴에 대한 열정을 발휘할 절호의 기회였다. 드디어 소명을 찾아낸 것일까?

거의 그랬다. 그러나 건축계의 몇 가지 특성이 여전히 그를 괴롭혔다. 하나는 일껏 설계도를 그려놓아도 실제 건물을 짓는 경우는 거의 없다는 사실이었다. 청사진은 청사진으로 끝나버리는 일이 잦았다. 설계도를 현실로 구현하는 데 필요한 철근과 유리와 석재는 어디로 간 걸까 고민하던 그 친구는 점점 더 소재와 그 특성에 흥미를 느끼는 자신을 깨달았다. 한 바퀴 빙 돌아서 다시 엔지니어처럼 사고하기 시작한 것이다.

그리고 그는 자신이 설계한 가상 속의 건물들이 어떻게 도시의 패턴 안에 자리 잡게 될지 궁금해졌다. 건물의 아름다움과 규모, 건축자재의 가격이나 특성은 그 안에서 거주하거나 근무하는 사람들에게 어떤 영향을 미칠까? 그 건물들이 자리 잡을 더욱 큰 틀은 무엇일까?

유레카!

그는 드디어 방랑의 끝에 다다랐다. 자신의 폭넓은 호기심을 채워주고 그동안 익힌 다양한 기술을 활용할 수 있는 분야를 찾아낸 것이다. 그는 도시계획자가 될 운명을 타고 태어났다. 그 친구는 마지막으로 전공을 바꾸고, 석사를 따고, 성공적이고 만족스러운 커리어를 일구어냈다.

전공을 바꿔가며 헤매던 시간 동안 이 친구는 정말 '길을 잃었던' 것일까? 아니면 그때는 미처 몰랐지만 결국 그를 소명으로 이끌어줄 길을 걸어가고 있었던 걸까?

선택의 폭이 지나치게 넓다거나 자유가 너무 많을 수 있을까?

나는 아니라고 본다. 물론 나와 의견이 다른 사람이 많은 이유도 쉽게 납득이 된다. 청소년이 바람직하지 않고 파괴적인 곳에 자신의 자유를 낭비하거나, 삶이 내보이는 선택지의 폭이 너무 넓어 지레 질려버리는 경우도 많기 때문이다. 마약에 빠지는 것도 분명 주어진 자유를 잘못 활용한 탓이다. 그러나 그렇다고 해서 자유 때문에 그 모든 문제가 생겨나는 것은 아니다. 마약 문제는 청소년이 더 바람직하고 긍정적인 해결책을 찾지 못했을 때 그 부작용으로 나타나는 경우가 많다. 청소년이 꿈이나 방향을 찾지 못한 채 어물어물 성인기로 나아가는 이유는 주된 진로를 택하고 다른 선택지를 배제하지 못하기 때문인 경우가 대부분이다.

핑계는 접어두고 선을 분명히 긋자. 사람들이 자유를 잘못 활용하는 것은 자유 때문이 아니라 자기 자신 탓이다. 자유는 잘 관리해야 한다. 마음속에서 조절해야 하는 것이다.

어머니는 이 모든 것을 한마디로 정리하셨다.

"네가 되고 싶은 것은 뭐든 될 수 있지만, 네가 하고 싶은 것을 다 해서는 안 된다."

꿈에는 한계가 없지만 행동은 올바른 적정선 안에서 이루어져야 한다. 적정선의 범위는 개인적인 상식과 윤리에 따라 정해진다. 그 적정선은 자유를 옭아매려는 것이 아니라 자유에 방향을 부여하고 구체화하기 위한 것이다. 자유란 무질서, 무법주의, 혼돈과는 다르다.

사람들이 자신에게 주어진 다양한 선택지 속을 헤매고 있다면, 그것은 선택지가 많아서가 아니라 하나의 목표에 전력을 다하겠다는 의지와 확신이 없기 때문이다.

그러나 어떻게 의지와 확신을 갖고 하나의 목표에 전력투구할 수 있을까? 이제 소명이라는 복잡한 주제를 다룰 때가 왔다.

5장

소명의 수수께끼를 풀라

2008년 가을, 나는 뉴욕과 로스앤젤레스의 페일리 센터에서 공연하는 영광을 얻었다. 누구나 마찬가지겠지만 내게는 무척 의미 깊은 자리였다. 음악, 비디오, 대화를 섞은 형태의 공연을 준비하면서 나는 이 책의 바탕이 된 여러 가지 생각을 다른 이들과 나누고 다듬을 수 있었다. 게다가 로스앤젤레스에서 열린 공연에는 아버지가 참석했기에 더욱 특별했다.

아버지가 정식 무대에서 내 연주와 노래를 들은 것은 그때가 처음이었다. 아버지는 그저 공연을 보는 데 그치지 않고 함께 연주하기도 했다. 우쿨렐레로 비틀즈의 〈Ain't She Sweet〉를 연주하면서 함께 오프닝을 장식했던 것이다(아버지의 우쿨렐레 실력은 꽤 유명하다). 연주가 끝나고 나서 아버지는 아들의 피아노 레슨에 투자한 결과가 어떤지 보러 왔다는 말로 청중의 웃음을 자아내기도 했다.

그때 그 말에 대해 생각해 볼 여유가 있었다면 몇 번째 피아노 레슨을 말씀하시는 건지 여쭤볼 걸 그랬다. 나는 네 번이나 피아노 레슨을 때려치웠으니까! 그 사실은 이 장에서 이야기하려는 핵심과 관련되어 있다. 즉, 소명이란 불가사의한 것이며 회의에 빠지거나, 첫 단추를 잘못 끼우거나, 위기나 실수를 겪는 일 없이 단번에 소명을 찾아내는 사람은 거의 없다.

돌아보면 음악이야말로 내 소명이었음을 뚜렷이 알려주는 일들이 많았다. 그러고 보면 음악을 업으로 받아들이기까지 왜 그리 오랜 시간이 걸렸는지 머리를 갸우뚱하게 된다. 그 점에서 나는 다른 많은 사람들과 비슷한 경험을 한 것 같다. 코앞에 있고 가장 중요한 일이 어떨 때는 가장 알아차리기 어려운 법이다.

어머니는 내가 말을 배우기도 전부터 '작은 별'의 곡조를 흥얼거리며 아장아장 걸어 다녔다고 말하곤 했다. 아주 어렸을 때부터 내 머릿속에는 노랫가락이 흘렀지만 나는 그런 점이 남다르다는 것을 전혀 알아채지 못했다. 누구나 머릿속에서 음악이 울려댄다고 생각했다. 손이 피아노 건반에 닿게 되자마자 천둥소리를 흉내 내어 저음 건반을 내리치고 빗소리를 내기 위해 고음 건반을 땡동거리곤 했다.

대여섯 살 무렵 데이트 비슷한 걸 했던 기억이 난다. 내가 처음으로 좋아했던 다이애나라는 이름의 여자아이를 집에 초대했다. 나는 로마 극장의 아치처럼 생겼던 우리 집 벽난로에서 폴 앵카(〈다이애나〉라는 노래로 일약 스타가 된 미국의 대중가수)의 사랑 노래를 불러주었다. 제발 내 곁에 머물러 줘, 다이애나!

그로부터 1년 뒤, 중대한 사건이 일어났다. 비틀즈가 당시 미국 최고의 음악 프로그램이었던 〈에드 설리반 쇼〉에 처음으로 출연했던 것이다. 나는 비틀즈를 보고 홀딱 반해버렸다. 감동의 물결에 휩쓸렸다고 해도 과언이 아니다. 다른 수백만의 사람들처럼 우리 가족도 가까운 백화점에 달려가 비제이 레코드에서 나온 〈인트로듀싱 더 비틀즈〉 음반을 샀다. 그 이후 나는 매일같이 가짜 기타리스트 흉내를 냈다. 존 레넌이 무릎을 구부리는 모습이나 폴 매카트니가 트레이드마크인 '예~예~예~' 부분을 부를 때 목을 길게 빼는 모습을 따라 했다. 수십 시간, 아니 수백 시간 동안 시어즈의 레코드 플레이어로 그 음반을 들었다. 어느 날인가 결국 바늘이 고장 나버렸다. 대신 어머니의 재봉 바늘을 끼워놓자 놀랍게도 레코드가 제대로 돌아갔다. 음악과 테크놀로지가 만나는 장면을 처음으로 목격한 순간이었다.

그즈음 피아노 레슨을 시작했다. 동네에서 흔히 볼 법한 나이 지긋한 할머니 음악선생님은 우리 누나와 이웃의 다른 아이들을 가르치던 분이었다. 그 선생님에게 운지법, 화성, 간단한 화음, 악보 읽는 법의 기본을 배웠다. 또 장조와 단조의 차이도 배웠다. 장조는 행복하고 밝고, 단조는 어둡고 슬펐다. 이렇듯 기본적인 것들을 배운 덕분에 나는 얼마 뒤 음악이 어떻게 감정을 전달하는지,

음악이 지닌 표현력이 얼마나 풍부한지 깨닫게 되었다.

어느 날 저녁(아마 여덟 살 때였던 것 같다) 어쩐지 기분이 어두웠다. 나는 무언가에 이끌리듯 아버지가 항상 석간신문을 읽는 의자 곁에 놓인 피아노 앞으로 갔다. 움츠러든 기분을 말로 설명하는 대신 나는 단조로 〈양키 두들〉을 연주했다. 쾌활한 행진곡이 마법처럼 슬픈 노래로 변했고 우리 가족은 그 곡을 듣자마자 내 기분이 어떤지 알 수 있었다.

인생은 노력한 만큼 가치 있다

피아노를 좋아했고 음악이 이미 삶에서 중요한 부분이 되었지만 나는 2년 뒤 레슨을 그만두기로 결심했다. 왜 그만두었냐고? 그 이유가 궁금하다면 내 옛이야기는 잠시 접어두고 보다 보편적인 이슈에 관해 생각해보자. 젊은이가 자신의 진정한 소명을 찾아내고 전력투구하는 것은 왜 이토록 어려울까? 소명을 찾는 여정에서 필연적으로 걸어야 할 길과 마주치게 될 걸림돌에는 무엇이 있을까?

소명을 찾는 과정에서 마주치는 어려움 중 하나는 단순히 소명을 찾아내고 받아들이는 것만으로도 마음이 불안해질 수 있다는 사실이다. 생각해보자. 대부분의 사람들은 대부분의 분야에서 고만고만한 역량을 나타낸다. '평균'이나 '보통'이라는 개념이 있는 이유다. 나쁠 건 없다. 대부분의 사람은 학업 성적도 보통이고 골프 실력도 보통이며 뭐든 보통 수준이다.

대부분의 분야에서라면 보통 정도만 해내도 충분하다. 사실 보통 수준으로 사는 것도 장점이 많다. 스트레스도 덜하고 주변에서 지나친 기대를 걸어 부담을 주는 일도 없기 때문이다.

그러나 내가 소명이라 느끼는 분야에서라면 보통 수준에 그치는 정도로는 부족하다. 요리사가 소명이자 천직이라면 평균 수준의 요리를 하는 것으로는 충분치 못하다. 진정 열심인 교사라면 교실에서 보통 수준의 수업을 하고 싶지는 않을 것이다. 진정 열정적인 작가라면 단 한 페이지도 보통 수준으로 대충 써 넘기려 하지 않을 것이다.

자신의 소명을 찾으면 '보통' 수준을 넘어서서 잘해내고 싶다는 열의를 품게 된다. 열의는 노력을 기울이도록 격려하고 잠재력을 이끌어내며 스스로 일궈냈다고 자부할 수 있는 성과를 달성하도록 이끌어준다.

뒤집어보면, 바로 그렇기에 소명을 받아들이는 것은 많은 심적 부담을 준다.

당연히 보통 수준일 수밖에 없는 많은 분야에서는 잘하지 못하더라도 별로 신경 쓸 일이 아니다. 그러나 나의 정체성을 규정하는 분야, 내게 특별한 재능이 있다는 것을 증명해 보이고픈 분야에서 실패한다면 문제는 심각해진다.

피아노 레슨을 그만두었을 때도 그랬다. 나는 아홉 살이었고 철부지였다. 그만두고 싶었던 이유를 최대한 분명하게 설명하자면 레슨이 더 이상 재미있지 않아서였다.

왜 재미가 없어졌던 걸까?

아마도 답은 피아노가 어려워졌기 때문이라고 생각한다. 당시 피아노는 내게 큰 의미가 있었고 마음속으로 피아노를 정말 잘 치고 싶었다. 그런데 깊게 들어갈수록 부담감이 커져갔다. 물론 어린애 같은 차원에서였겠지만 나는 나와 피아노의 사이가 그저 쉽게 생각해도 되는 가벼운 관계가 아님을 느끼기 시작했다.

막 움트기 시작했던 음악을 향한 열정은 기쁨을 주는 한편 모종의 불편한 느낌과 원인을 알 수 없는 두려움의 원천이기도 했다. 자신의 소명에 가까이 다가갔다가 멀어지기를 되풀이하는 초기 단계에 서 있는 다른 많은 이들도 나처럼 뒤섞인 감정을 경험한 적이 있을 것이다.

인생이란 복잡한 것이고 처음에는 양립할 수 없을 것 같다가도 지나고 보면 완전히 조화를 이루는 갖가지 감정이 찾아오기도 한다. 아홉 살이라는 철모를 나이에 피아노 레슨을 그만두기로 마음 먹었던 내 결정에도 모순적인 부분이 있었다. 피아노가 점점 어려워진다며 레슨을 그만두는 동시에 나는 혼자서도 제대로 음악을 할 수 있을 거라는 엉뚱한 자신감을 키워가고 있었다.

내가 만들어낸 곡이 머릿속에서 생생하게 샘솟고 있는데 왜 다른 사람이 종이에 그려둔 악보를 배워야 하느냐는 생각이 들었던 것이다.

이런 자신감은 기운을 북돋워 주었지만 동시에 위험했다. 내게 최소한 어느 정도의 재능, 나만의 음악을 만들 수 있는 능력이 있다는 것은 물론 기분 좋은 일이었다. 그러나 내게는 그 능력을 이용해 결실을 맺을 만한 지식이 턱없이 부족했다. 내게 그런 지식이 있었다고 말한다면 나 스스로를 속이는 셈일 것이다. 내 경험이 창의성이 근질거리는 것을 느끼고 자기가 스승보다 더 많이 안다는 착각에 빠지곤 하는 조숙한 아이들을 위한 교훈이 되었으면 한다.

시간이 흐른 뒤, 마침내 나도 테크닉에는 지름길이 없음을 깨달았다. 우리는 모두 다른 사람의 가르침을 받아야 한다는 교훈을, 나는 배워야 했다.

위대한 종교들은 흥미롭게도 하나같이 스승을 존경해야 하며 인생에는 여러 종류의 스승이 있다고 주장한다. 불교에서는 '많은 길과 많은 길잡이'라는 금언이 있다. 기독교의 복음 저자는 한 명이 아니라 네 명이다. 히브리 경전에서 가장 중요한 기도문 중 하나인 카디시(유대교에서 예배가 끝났을 때 바치는 기도)는 원래 존경받는 스승을 향한 찬양의 노래였다. 그러다가 시간이 흐르면서 먼저 죽은 이는 누구든 스승이라는 뜻에서 죽은 이에게 바치는 기도로 바뀐 것이다.

세상에는 배워야 하는 일들의 수만큼 많은 스승이 있다.

내 피아노 레슨의 경우를 볼까. 나는 세 분의 선생님에게 배웠다. 선생님마다 독특하면서도 꼭 필요한 가르침을 주었다(세 분이란 레슨비를 내고 레슨을 받은 경우를 말한다. 은연중에 내게 음악을 가르쳐주고 영향을 준 사람은 수십 명도 넘을 것이다). 분야를 막론하고 좋은 선생님은 단순히 정보를 전달하는 것을 훨씬 뛰어넘는 일을 한다. 자신의 일부를 전해준다고나 할까. 내 경우, 선생님이 가르쳐준 테크닉만큼이나 선생님 각각의 접근법을 보고 스스로 깨닫는 과정도 중요했던 것 같다.

첫 선생님은 교과서에 바탕을 두고 가르쳤다. 음표를 읽고, 박자를 세고. 바른 손가락을 바른 건반에 올리는 것을 배웠다. 그다지 창의적인 방법은 아니었지만 반드시 배워야 할 내용이었다. 창의력을 발휘하기 전에 기본을 다져야 한다는 진리는 모든 교과에 적용된다. 지루하고 뻔해 보이는 기초적 기술에 기반을 두지 않은 창의력은 걸작보다는 쓰레기를 양산하는 경우가 더 많다.

5학년 때 만난 두 번째 선생님의 교수법은 미묘하지만 결정적인 부분에서 달랐다. 선생님은 음표보다 소리에 집중했다. 사이먼 앤 가펑클의 노래는 왜 모차르트의 〈소나타〉와 다른 소리를 낼까? 단순한 다장조 화음은 얼마나 다양한 음색을 낼 수 있을까? 어떻게 똑같은 악기로 쇼팽과 제리 리 루이스처럼 전혀 다른 사운드를 연주할 수 있는 걸까?

나는 두 번째 선생님에게서 건반에 손가락을 올릴 때마다 선택을 해야 한다는 것을 배웠다. 어떤 음표를 연주하는가를 넘어 어떻게 연주할지, 어떻게 곡에 어울리는 소리를 내고 궁극적으로는 '내게 어울리는 소리'를 만들어갈지 선택해야 한다는 것을 깨달았다.

세 번째 선생님의 접근법도 같은 부분에 바탕을 두고 있었는데, 이번에는 차원이 달랐다. 그 선생님에게 있어 음표와 법칙은 잘 익힌 다음 초월해야 하는 가장 기본적인 재료에 지나지 않았으며 사운드조차도 훨씬 더 중요한 목표인 '자기표현'으로 나아가기 위한 도구에 불과했다.

바야흐로 모든 것이 맞아떨어져가고 있었다. 신나고 놀라운 경험이었다. 어떻게 가슴속의 감정을 붙든 다음 머릿속의 지식을 더해서 손끝으로 연주하는 음표로 바꾸어놓을까? 얼마만큼의 영혼을 집어넣고, 위험을 감수하며 나 자신을 드러내보여야 할까? 나 자신을 얼마나 잘 알아야 할까? 마음속 깊이 묻어두었던 생생한 개인적 감정을 가감 없이 음악에 담았는데도 신통치 못한 결과가 나오면 어떡해야 할까?

나는 아직 그런 사태에 대처할 준비가 되어 있지 않았다. 삶에 대해서도, 스스로의 감정에 대해서도 아직 충분히 알지 못했다. 그래서 대신 안전한 사진의 길을 택했다. 또 한 번 나는 음악을 뒤로하고 샛길로 빠져들었다.

이쯤에서 내 얘기는 잠시 멈추고, 수수께끼에 둘러싸인 소명이라는 주제를 좀 더 보편적인 시각에서 살펴보고 근본적인 의문 몇 가지의 답을 찾아보자.

첫째, 이처럼 강렬한 인생의 소명은 어디에서 올까? 만족스럽지는 않지만 간단한 답이 있다. 아무도 모른다는 것이다. 부모와 비슷한 진로를 따라가는 아이를 보면 유전이나 집안 내력이 소명을 결정짓는 제일 중요한 요소라고 결론 내리기 쉽다. 그러나 아이가 전혀 다른 방향으로 진로를 트는 경우는 어떻게 설명할 것인가? 뛰어난 시인 제임스 메릴James Merrill은 메릴 린치를 창립한 집안에 태어났다. 그의 소명은 어떻게 설명할 것인가? 답은 설명할 수 없다는 것이다. 소명의 원천을 찾아 헤매기보다, 소명이란 인간의 본성이 지닌 다채로움의 한 예이자 인생이 우리에게 얼마나 다양한 선택지를 선사하는지 보여주는 사례라고 생각하면 될 듯싶다.

두 번째 의문은 조금 어렵다. 우리는 모두 인생의 소명을 갖고 있을까?

이 의문에 대한 답은 소명을 어떻게 정의하느냐에 달려 있다. '소명'이 현 직장에 대한 열정과 동의어라고 정의한다면 솔직히 말해 답은 '아니다'가 될 것이다. 이상적인 세계에서라면 월급을 주는 회사에서 하는 일이 곧 소명일 테고 세상은 유토피아가 될 것이다. 하지만 현실 세계에서는 항상 일이 그렇게 매끄럽게 풀리지는 않는다. 물론 직장에서 성공하기 위해 노력하고 최선을 다할 수는 있다. 그러나 안타깝게도 최선을 다한다고 해서 일을 진정 즐기거나 일 안에서 진정한 자아를 찾게 되는 것은 아니다.

이쯤에서 우리 모두를 잠재적으로 아우를 수 있는 소명의 더 폭넓은 정의를 제시하고자 한다. **나는 소명이란 나와 어울리는 삶, 진정한 나만의 삶을 살 수 있도록 만들어주는 무언가라고 정의하고 싶다.** 소명은 직장이나 커리어에서 찾을 수도 있지만 꼭 그런 것만은 아니다. 소명의 축복, 나와 딱 맞아떨어진다는 그 느낌은 직장뿐 아니라 삶의 다른 단면에도 담겨 있을 수 있다.

● ●

삶이 선사하는 가능성이 얼마나 다양한지 보여주는 예로 인생에 대한 접근법이 각기 달랐던 어느 커플에 대한 이야기를 해볼까 한다.

남자는 어렸을 때부터 자신이 작가가 될 운명이라는 것을 알고 있었다.

"재능이 아니라 단지 성향의 문제였어요. 어렸을 때, 다른 아이들과 잘 어울리긴 했지만 어딘가에 초점을 맞추고 집중할 때에는 혼자 있고 싶었어요. 이런저런 일들의 이유를 찾고 사물 뒤에 숨겨진 '왜'에 접근하는 것이 내게는 중요했죠. 그리고 어려서부터 꽤 자제력이 있었어요. 그렇지만 남이 뭘 하라고 시키면 완고하고 퉁명스럽게 반항하곤 했죠. 그래서 누구 밑에서 오래 일하기는 어려웠어요. 솔직히 말하자면 그 이유 때문에라도 95퍼센트 정도의 직업군에서는 일하기 힘든 형편이었어요."

마지막 말은 일에 얽힌 소명에 대해 시사하는 바가 있다. '하고 싶지 않은' 일이 무엇인지 분명히 한 다음 나와 맞지 않는 일을 지워나가면 좀 더 간단하게 소명을 찾을 수 있다.

아무튼 이 친구는 작가가 되려고 마음먹고 있었고 이렇게 덧붙였다.

"다른 계획을 세웠던 적은 없어요. 살면서 두 번인가 망설인 적은 있었지만요. 대학에 들어갔을 무렵이었어요. 작가로서 벌어먹고 산다는 것이 너무나 불안정해 보여서 의예과에 들어갔죠. 첫 생물학 실습 시간에 개구리의 척수를 끊어 죽여야 했던 때까지는 별문제가 없었어요. 시시콜콜한 이야기는 하지 않겠지만 그 일로 내가 의사가 되기에는 너무 심약하다는 걸 깨달았어요. 또 한 번 현실적인 선택을 해야 하지 않을까 고민한 건 대학을 막 졸업하고 나서였어요. 대선 여론조사원 일을 했었는데 상당히 재미있는 일이었죠. 일하면서 많은 사람들과 이야기를 나눌 수 있었거든요. 그렇지만 애초에 왜 많은 사람과 이야기하고 싶었던 걸까요? 그런 경험을 통해 글의 소재를 얻을 수 있었기 때문이었어요. 언제나 그 점이 가장 중요했던 거죠."

그래서 이 친구는 결국 불안정한 전망에 개의치 않고 자신의 경제적 미래를 글쓰기에 걸어보기로 했다.

"그때 시작했던 건 행운이었어요. 아직 젊어서 주변의 반대에 부딪히더라도 기운을 회복할 수 있던 시기였으니까요. 돈은 거의 없었어요. 서른 살 즈음까지는 학생처럼 가진 것 없이 살았죠. 그렇지만 별로 신경 쓰이지는 않았어요. 내가 원하는 일을 하고 있었으니까요. 그걸 선택이라고 부르는 게 정확한 표현일지 모르겠네요. 다른 일을 하는 내 모습은 애초부터 상상조차 할 수 없었으니까요."

짧게 말해 이 친구는 일에 관련된 소명에 초점을 맞추고 살아왔던 것이다.

한편 그의 배우자는 그와는 정반대의 소명에 따라 살아왔다. 그러나 내가 보기에는 그녀의 소명도 그와 마찬가지로 의미가 있다.

"한 번도 멋진 직장을 가져본 적이 없었고, 그런 걸 원해본 적도 없었던 것 같아요. 여러 가지 일을 하기는 했죠. 돈을 벌 필요가 있다는 사실은 인정했으니까요. 그렇지만 그게 다일 뿐, 제게 일이란 좋지도, 나쁘지도 않은 그저 사는 데 필요한 무언가일 뿐이었어요."

배우자가 어릴 적부터 자신이 작가가 될 운명임을 알았던 것처럼, 그 또한 어렸을 때부터 자신은 직장에서 일할 운명이 아니라는 것을 알고 있었다.

"초등학교 시절 선생님이 흔한 질문을 했죠. 커서 무엇을 하고 싶냐고요. 아이들은 소방수, 우주비행사, 과학자라고 말하곤 했어요. 저는 '행복해지고 싶다'고 했죠. 애들이 그건 꿈이 아니라기에 속으로 생각했던 기억이 나요. '아니긴 뭐가 아냐!'"

행복 자체가 소명이라, 그럴 수도 있지 않을까? 진지하고 신중하게 행복을 추구하려면 인내, 자기인식, 역경을 딛고 일어나는 강인함과 변치 않는 신념 등 모든 직업군에서 환영할 만한 자질들이 필요한 법이라고 나는 생각한다.

어쨌든 이 커플의 각기 다른 소명은 '되는 것'과 '존재하는 것'을 두고 오랫동안 이어진 철학적 논제를 상기시켜 주었다.

동양 철학은 존재의 중요성을 신봉하는 경향이 있다. 조용한 명상, 사려 깊은 행동, 주변과의 관계, 평온한 마음… 한마디로 요약하자면 '행복'이다. 반면 서양의 전통은 행동을 중시하는 편이다. 달성, 성취, 발자취를 남기는 것… 한마디로 표현한다면 '일'이다.

어떤 철학적 가르침이 더 낫고, 진실되고, 유용할까? 이 논란은 영원히 끝나지 않을 것이다. 그러나 한마디는 해두고 싶다. 일을 소명으로 삼은 사람이라면 일하는 것이 존재하는 것과 같다. 그리고 행복을 소명으로 삼은 사람이라면 행복하게 살아가는 것이 곧 일과 같다. 적어도 내가 보기에, 이 둘은 같은 것이다.

목표는 지식이 아니라 행동에 두자

다시 피아노 이야기로 돌아가보자. 양극단을 오가던 나와 소명 사이의 관계는 새로운 국면에 접어들고 있었다. 그 시절 나만큼이나 키보드에 빠져 살던 라스라는 친구가 있었다. 우리는 함께 연탄곡을 연주하기 시작했고 얼마 지나지 않아 같이 노래를 작곡하고 편곡했다.

음악이 친구를 만들어주다니, 새로운 경험이었다. 나는 항상 피아노를 고독한 은신처라 여겼다. 밴드에 들어간 적도, 합류하고 싶어 했던 적도 없었다. 그런데 이제 키보드가 우정의 구심점이 된 것이다. 다른 아이들이 야구나 낚시를 하러 가거나 숲을 쏘다닐 동안 라스와 나는 음악을 연주했다.

너무나 근사한 경험이었지만 그로 인해 생각지 못한 문제에 부딪혔다. 라스와 나는 공공연히 경쟁하지는 않았다(음악계에서는 대놓고 경쟁하는 경우는 거의 없다). 그럼에도 불구하고 나는 자꾸 나와 라스의 연주를 비교하고 내 음악적 재능과 테크닉을 친구와 견주어보게 되었다. 그리고 내 능력이 뒤처진다는 느낌을 지울 수 없었다.

그 친구가 정말 나보다 뛰어났을 수도 있고 내 자격지심 때문에 그렇게 느꼈을 수도 있다. 인간 본성이 다 그렇듯이 내 느낌이 정확했는지는 중요치 않다. 어쨌든 그런 감정은 내 자신감에 흠집을 냈고 음악을 진지하게 마주하지 못하도록 발목을 잡았다. 고작 한 명뿐인 동료에 대봐도 실력이 떨어지는 판국에 어떻게 음악을 평생의 직업으로 삼을 엄두가 났겠는가?

결국 딜레마에서 빠져나올 길을 찾아내긴 했다. 모든 것이 내가 만들어낸 환상에 불과하며 쓸데없는 딜레마라는 것을 깨달았던 것이다. 그러나 그런 획기적인 돌파구에 이르기까지는 몇 년의 시간, 숱한 회의, 실패로 돌아간 실험, 수많은 행운 섞인 우연이 쌓여야 했다.

행운 섞인 우연 중 하나는 고등학교 시절 어느 날 갑자기 우리 집에 테이프 녹음기가 생긴 것이었다.

앞서 재봉 바늘을 이용해 휴대용 레코드플레이어를 고쳤다는 이야기를 했었다. 그 일을 돌아보면 나는 항상 음악과 기술의 접점에 흥미를 갖고 있었던 것 같다. 테이프 녹음기는 그 접점을 전혀 다른 차원으로 끌어올렸다. 녹음기는 단순한 기계장치가 아니라 무한한 가능성을 품은 마법 상자처럼 보였다. 곡을 녹음하고 그 위에 다른 곡을 더빙하고, 첫 번째 버전을 지우고 개선하는 방법을 스스로 깨쳤다. 나도 모르는 사이 음악을 연주하는 법뿐 아니라 프로듀싱하는 방법도 익히고 있었던 셈이다.

물론 어디까지나 초보적인 수준이었다. 화학 약품 상자를 가지고 노는 아이들이 있듯, 나는 피아노와 테이프 녹음기를 가지고 놀았을 뿐이었다. 깜짝 놀랄 만큼 멋진 결과가 나오지는 않았지만 그 과정은 매우 중요했다. 앞으로 할 이야기는 음악뿐 아니라 다른 분야에도 적용되는 것 같다.

테이프 녹음기가 등장하기 전까지, 나는 뮤지션이 되는 길이 얼마나 다양한지 몰랐던 것 같다. 당시 내게 음악을 한다는 것은 피아노를 연주하고 곡을 만들어내는 것과 같은 의미였다. 그러나 기술이 더해지면서 나는 그런 정의가 너무 융통성 없고 편협하다는 것을 깨달았다. 음악을 한다는 것은 연주와 멜로디를 가지고 할 수 있는 모든 일을 포괄했던 것이다. 테이프 녹음기로 더빙을 하거나 스튜디오에서 녹음하는 일도 그중 하나였다.

즉 음악을 한다는 것은 한 가지의 테크닉이나 경향에 집중하는 게 아니라, 여러 종류의 테크닉을 조합해야 하는 것이었다. 곡을 쓴다든가 전자기기를 잘 다루는 것도 그런 테크닉 중 한 예다. 이런 요소를 조합하면 거울방 안처럼 굴절과 증식의 과정을 거쳐 '뮤지션'이 할 수 있는 일의 종류가 무한히 확장된다. 그중 하나쯤은 내게 맞을지도 모른다는 생각이 들었다. 어쩌면 단순히 음악을 만드는 것이 아니라 '내 음악'을 만드는 방법을 찾을 수 있을지도 모른다는 생각이 들었다.

이런 과정은 다른 분야에도 적용된다. 사람들은 대부분 진로를 고민할 때 개괄적이고 어렴풋한 생각에서 출발한다. 소명은 그런 모호한 생각을 나만의 구체적인 능력의 조합과 연결 지을 때 비로소 탄생한다. 나라는 인간의 독창성은 한 가지 재능이 아니라 여러 재능과 성향이 조합되면서 생겨나기 때문이다.

누군가가 의사가 되려고 한다 치자. 어떤 분야의 의사가 될 것인가? "조용히 실험 좀 하게 혼자 내버려 둬"라고 말할 성격이라면 임상보다는 연구를 할 때 더 행복하고 자신답게 살 수 있을 것이다. 법조계도 의료계와 마찬가지로 폭넓은 분야다. 변호사가 되고 싶은데 언론에도 관심이 많다면, 언론의 자유를 명시한 수정헌법 1조에 관련된 문제에 집중하는 것이 자신에게 맞는 길일 수 있다.

물론 현실은 앞에 든 예보다 훨씬 복잡하다. 어느 쪽이 나을지 판단할 기준은 두 가지가 아니라 수십 가지가 될 수도 있다. 어떤 기준이 다른 기준보다 더 중요하게 여겨질 수도 있고, 기준이 무의식 속에 숨겨져 있을 수도 있다. 개인적 성취를 향한 열망과 돈을 많이 벌고 싶은 욕망 간의 대립처럼 어떤 요소는 다른 요소와 갈등 관계에 놓일 수도 있다.

그러나 요점은 이것이다. 사람들의 취향, 재능, 기질의 거미줄이 얼마나 복잡하든 간에 모든 가닥(최소한 가장 중요한 가닥)이 서로 만나는 지점이 있을 것이다. 인내심을 갖고, 마음을 열고, 행운이 약간 따라준다면 결국 그 접점으로 향하는 길을 찾아낼 수 있을 것이다. 그 접점이야말로 진정한 소명이 우리가 찾아올 순간을 기다리고 있는 곳이다.

피아노를 치고 테이프 녹음기로 온갖 실험을 하는 과정이 단번에 내게 자신감과 확신을 심어주지는 못했다. 대학에 진학할 무렵에도 나는 여전히 어둠 속을 더듬고 있었다. 그러나 이성은 묘하게 작동한다. 사람들의 사고 과정은 깔끔하고 명쾌하지 않다. 이성은 가끔 은밀한 술책을 부리고 나 자신을 속인다. 감정보다 뒤처져 따라오기도 한다. 느릿느릿 뒤따라온 이성이 나중에야 말과 논리로 정당화하고 설명해야 하는 진실을, 마음은 이미 알고 있는 경우가 많다.

스탠퍼드대 신입생 무렵, 내 창의력의 주된 배출구는 여전히 사진이었다. 사진 관련 강의를 들었고 영화도 계속 찍었다. 내가 카메라를 든 남자라는 사실이 좋았다. 그러나 그와 동시에 모종의 욕구불만이 시작되고 있었다. 수천 장, 아니 수만 장의 사진을 찍었지만 내 사진 속에 과연 '예술'이 있는지 자신 있게 말할 수 없었다. 괜찮은 수준이라는 것은 알고 있었다. 하지만 내 사진을 특별하게 만드는 무언가가 있는지 확신할 수 없었다.

돌아보면 마음속에서는 이미 사진을 향한 사랑이 식어갔고, 이성이 뒤늦게 마음의 변화를 따라잡으려 하고 있었던 듯하다. 생각해보면 사진에 대한 환상이 부서지면서 상실의 아픔을 겪고 나서야 비로소 음악을 향한 내 열정을 발견할 수 있었던 것 같다. 로맨틱 코미디 영화의 주인공이 멋지고 새로운 여자가 아니라 항상 곁에 있었던 오랜 친구가 진정한 사랑이라는 것을 드디어 깨닫는 장면 같았다. 오랜 친구는 바로 피아노였다.

내 인생의 소명에 손을 뻗으면 닿을 만큼 가깝게 오긴 했지만, 아직 목적지에 완전히 도달한 것은 아니었다. 해묵은 문제 몇 가지가 여전히 남아 있었다. 그중 하나는 자신감이었다. 내 능력은 충분할까? 언젠가는 충분한 능력을 갖추게 될까?

또 다른 복잡하고 어려운 문제는 가족의 기대였다. 부모님은 언제나 내 길을 찾고 스스로 보람을 느끼는 일을 하라고 용기를 북돋워주었다. 그 말씀을 하실 때는 물론 진심이었을 것이다. 하지만 과연 진심이었을까? 아니, 그보다도 나는 부모님의 말이 진심이라 믿었을까? 부모가 자식이 이렇게 컸으면 하고 바라는 것은 당연한 인간의 본성이다. 자식이 음악처럼 불분명하고 주류에서 벗어난 분야를 택한다면 부모님의 기대를 저버리는 것은 아닐까? 학위가 특별히 중요치 않은 음악 같은 분야를 택하게 된다면 스탠퍼드대 학력이라는 장점을 낭비하는 셈이 아닐까? 어쩌면 자기 회의가 죄 책감이라는 형태로 나타난 걸까?

결국 두려움과 불안을 쏟아내고 음악이 내 필연적인 운명임을 인정하기까지는 경이로운 경험과 아르키메데스의 '유레카!'와 같은 계기가 필요했다.

대학교 2학년 때, 친구가 학교에 온 기타리스트의 연주를 함께 듣자고 기숙사에 초대했다. 그 기타리스트의 연주는 엄청났다. 가장 놀라운 것은 연주의 단순함이었다. 잘난 척하는 맹렬하고 대담한 테크닉도, 복잡함을 위한 복잡함도 없었다. 그러나 음표 하나하나에 존재 이유가 있었다. 음 하나하나가 영혼으로 가득했고 진실했다. 곧바로 이런 생각이 떠올랐다.

'음악은 이래야 돼. 그리고 나도 이걸 할 수 있어!'

어떻게 기숙사를 나왔는지 생각조차 나지 않는다. 집에 돌아와 신들린 듯 악보를 써내려갔던 기억이 있을 뿐이다. 두 곡을 쓴 뒤 테이프 녹음기를 켜고 다른 부분을 오버더빙(이미 녹음된 연주에 다른 음악을 더하는 것)하기 시작했다. 음악을 쓰고 듣고, 덧붙이고 빼고, 실험하고 다듬었다. 불필요한 군더더기는 전부 없애고 싶었다.

그날 밤에는 거의 뜬눈으로 밤을 지새웠던 것 같다. 이튿날 아침 친구와 함께 해변으로 드라이브를 갔다. 차를 타고 가는 동안 내내 새로 쓴 곡을 들었다.

바다에 도착했을 때 나는 인생에서 가장 기묘하고도 강렬한 경험을 했다. 차 문을 열었지만 밖으로 나설 수 없었다. 말 그대로 움직일 수가 없었다. 책임감과 희열이 뒤섞인 일종의 중력이 나를 그 자리에 못 박아둔 것 같았다.

그날 아침, 바닷가로 가는 길에서 중고 갈색 혼다 자동차의 싸구려 스피커로 들은 것은 바로 내 미래였다.

6장

꿈을 위해 시간을 투자하라

혜택의 정의에 관해 다시금 생각해보자. 혜택은 동전처럼 양면을 지니고 있어 안락한 생활과 기회를 보장해주는 한편 삶을 복잡하게 만들고 그 의미를 축소시켜 버리기도 한다.

혜택이란 무엇일까?

혜택이라 하면 대개 돈이나 물질적 편의를 떠올린다. 그러나 혜택에는 다양한 측면이 있기에 좀 더 포괄적인 정의가 필요하다.

언제나 따뜻한 애정으로 힘이 되어주는 가족은 일종의 혜택이다. 선생님과 멘토의 관심도 마찬가지다. 책에서 얻는 지식뿐 아니라 다양한 문화와 각양각색의 성격을 지닌 사람들로 가득한 넓은 세상과의 교류나 경험 등 넓은 의미에서의 배움도 혜택이다. 이런 배움은 이해와 공감의 폭을 넓혀준다.

이처럼 다양한 혜택의 공통된 특징은 무엇일까?

혜택이라면 모름지기 삶에서 선택의 폭을 넓혀주어야 한다. 그러나 현실적으로 생각해보면 혜택이 항상 선택의 폭을 넓혀주는 것은 아니다. 혜택은 양날의 검과 같아서 가능성으로 가득한 세상을 열어주는 한편, 주변 사람이나 자신의 내면에서 오는 압박감 때문에 커다란 제약을 주기도 하기 때문이다.

애정 어린 부모의 기대는 모종의 압박감을 준다. 선생님과 롤모델은 긍정적 영향을 주는 동시에 얼마간 압박으로 작용한다. 사회에서 인정받는 직업을 좇아야 한다는 생각도 외부에서 오는 압박의 부작용이다. 요즈음의 험난한 경제적 상황은 사람들이 주류에 속하는 안정적인 직군, 즉 다른 이들이 가장 많이 걸은 길을 택하도록 압력을 준다.

그렇기 때문에 (어떤 형태의 혜택이든 간에) 혜택을 받은 사람이 받지 못한 사람에 비해 선택의 폭이 좁을 때도 있다. 주어진 선택지가 의사 아니면 변호사뿐이었던 스탠퍼드대 시절의 친구가 그 예다.

혜택이란 망원경 같은 것이다. 한쪽 렌즈를 통해 들여다보면 무한한 우주를 볼 수 있지만 반대쪽 렌즈를 들여다보면 세계가 좁은 원으로 쪼그라들어버린다. 삶이란 스스로 만들어 가는 것이니만큼, 어느 쪽 렌즈를 통해 삶을 들여다볼 것인가는 전적으로 나 자신에게 달려 있다.

혜택과 선택지의 관계처럼 혜택과 시간의 관계도 복잡하고 모순적이다.

(어떤 형태든 간에) 혜택을 받는 사람은 삶을 조급하게 살지 않아도

되는 사치를 누릴 수 있다. 경제적으로 안정되어 있다면 하루빨리 돈을 벌려고 안달하지 않아도 된다. 지원을 아끼지 않는 부모라면 아이들에게 스스로의 행복을 찾아낼 시간을 주려 할 것이다. 많이 배웠다면 그만큼 아직 알지 못하는 세상 앞에서 겸손해지게 되기에 더 오랫동안 시간을 들여 공부를 계속하기도 한다.

즉 혜택은 얼른 삶의 다음 단계로 나아가야 한다는 압박감 때문에 단계를 건너뛰거나 성급하게 중대한 결정을 내리는 일이 없도록 해준다. 선택지의 경우와 마찬가지로, 혜택은 모름지기 더 적은 시간이 아니라 더 많은 시간을 보장해야 한다.

정복해야 할 것은 산이 아니라 나 자신이다

그러나 정작 혜택을 누리는 젊은이들의 행동을 보면 그런 사실을 실감하기 어렵다. 세상에 이들보다 더 조급하게 살아가는 사람이 있을까? 명문대에 들어가기 위해 쏜살같이 사립고등학교를 거쳐 가고, 일류 대학원의 입시 담당자에게 잘 보이려고 학부는 조기 졸업해버린다. 여름방학은 이력서에 넣기 좋고 은행, 증권사, 로펌으로의 지름길을 보장하는 각종 인턴십의 흐릿한 기억 속에 사라져간다. 이 친구들이 중년의 위기를 서른이나 서른다섯 즈음에 겪는 것도 무리가 아니다. 청소년기 이후로 줄곧 숨 쉴 틈도 없이 달려왔으니까.

분명히 말해두지만 비난하려는 것이 아니라 공감하는 입장에서 하는 말이다. 젊은이들을 재우치는 현실적이고 강력한 압박감은 십분 이해가 간다. 현재 젊은 세대는 부모 세대보다 경제적, 직업적 전망이 어두워진 최초의 세대다. 불안과 좌절감이 따를 수밖에 없다. 떠나버린 기차를 보며 플랫폼에서 발을 동동 구르고 싶은 사람은 없다. 가게의 물건이 동날 성싶으면 당장 사두어야겠다는 생각이 드는 것도 당연하다.

그럼에도 불구하고 근본적 의문 두어 가지는 꼭 숙고해보아야 한다는 것이 내 생각이다. 매 순간을 열심히 살겠다는 바람직하고 현실적이며 활기 넘치는 결단과, 즐거움이나 열의가 아니라 뒤처질지도 모른다는 두려움에 밀려 삶의 단계를 쫓기듯 서둘러 지나치려는 결정을 가르는 선은 어디에 있을까? 삶이 쏜살같이 지나는 동안, 우리는 대체 어느 지점부터 득보다 더 큰 실을 향해 달려가기 시작하는 것일까?

내가 어른이 되기 전, 1960~1970년대를 이끌었던 시대적 화두는 '자아성찰'이었다. 사람들은 자아를 발견하기 위해 헤르만 헤세의 《싯다르타(헤세가 초기의 몽상적 경향을 탈피하고 무대를 동양으로 옮겨 내면의 길을 탐색한 1922년작 장편소설)》와 잭 케루악의 《길 위에서(평범한 사고를 거부하고 자유분방한 삶을 사는 젊은 작가가 새로운 자극을 찾아다니는 내용의 소설. 케루악은 이 소설로 '비트 세대'의 대변자이자 1960년대 히피운동의 상징이 되었다)》를 읽었다. 유럽으로 배낭여행을 떠나거나 네팔에서 트레킹을 하려고 대학을 휴학하기도 했다. 학부와 대학원 사이, 대학원과 취업 사이에 휴식기를 가졌다. 삶의 틀에 자신을 욱여넣는 게 아니라 자신과 맞는 삶을 찾는 것이 모두의 목표였다.

시간이 지나면서 자아성찰이라는 화두는 진부해져 갔다. 그리고 베이비붐 세대란 자아발견에 심취한 명상가 무리라며 놀려댈 때나 등장하는 단어가 되어버렸다. 사실 그 시절 자아성찰을 좇던 유행은 지나친 감이 없지 않았다. 사회적 유행이란 그런 것이며, 그렇기 때문에 양극단을 오간다.

아무튼 최근 몇 년간 유행이 너무 지나치게 반대쪽으로 흘러간 것 같다. 컴퓨터에서 경기순환에 이르는 모든 것이 너무나 빠르게 변하는 요즘 세상에서 여유가 없어진 사람들은 자아성찰을 유유자적한 신선놀음쯤으로 치부한다. 뒤처질는지도 모른다는 두려움 때문에 잠시 속도를 늦추고 생각에 잠긴다는 것은 꿈조차 꾸지 못한다.

그러나 아무리 경제가 널뛰어도, 그리고 문자메시지가 편지를 대체하는 새로운 시대가 와도 사람의 본성은 변하지 않는다. 옛 노래의 가사처럼 "삶의 근본적인 진리는 그대로 남는 법이다."

내 삶의 선택은 누가 내리는가

삶의 여정에서 근본적인 진리 중 하나는 좋은 결정을 내리려면 시간이 걸린다는 사실이다. 좋은 결정은 순간의 충동이 아니라 이 어지는 과정이다. 먼저 자신을 이해해야 하기 때문이다. 자신을 이 해하려면 좋든 싫든 어느 정도의 자아성찰, 달리 말하자면 명상을 해야 한다. 올바른 결정을 내리려면 한동안 혼자 가만히 앉아 생각 에 잠길 필요가 있다(선禪이라는 말 자체도 '앉아 있음'을 의미하는 좌선이 라는 명상법에서 유래한 것이다).

삶에 쫓기는 젊은이에게는 가만히 앉아 있는 것이 시간 낭비처 럼 느껴질 것이다. 그러나 나는 다른 관점을 제시하고 싶다. 스스 로의 마음속을 들여다보기 위해 잠시 멈춰 서는 것은 시간 낭비가 아니다. 오히려 시간을 투자하는 것이다. 그리고 이것이야말로 사 람이 할 수 있는 가장 가치 있는 투자라고 나는 생각한다.

열아홉 살이 되었을 때 나는 집에서 얼마간의 돈을 지원받았다. 정확히 말하자면 그 돈은 할아버지가 주신 것이었다. 할아버지 소 유의 농장을 판 돈을 아버지가 버크셔 해서웨이의 주식으로 전환 했으니까. 당시 그 주식은 대략 9만 달러어치였다. 더 이상은 절대 바랄 수 없다는 것을 나는 잘 알고 있었다.

그 돈으로 무엇을 할까? 그 돈에는 아무 조건도 붙어 있지 않았다. 무엇이든 할 수 있었고 선택은 나의 몫이었다. 멋진 차를 뽑고 바다가 보이는 콘도로 이사할까? 일등석을 타고 세계일주를 할까? 다행히도 그런 사치는 내 취향이 아니었다. 그리고 운 좋게도 나는 누나와 형이 받은 돈의 대부분을 단기간에 써버리는 것을 익히 보았기에 같은 길을 걷고 싶지는 않았다.

아무것도 하지 않고 주식을 계좌에 묻어둘 수도 있었다. 그랬다면 지금쯤 그 9만 달러어치의 주식은 약 7천2백만 달러의 가치가 있을 것이다. 그러나 나는 다른 길을 택했고 지금껏 단 한 순간도 후회해본 적이 없다. 그렇게 말하면 사람들은 거짓말이라 여기거나 내가 좀 돌았다고 수군대지만 어디까지나 진심이다. 나는 돈보다 더 가치 있는 것을 사는 데 그 자금을 썼기 때문이다.

나는 그 돈으로 시간을 샀다.

우연히도(삶이란 원래 그렇게 흘러가는지도 모르겠다) 유산은 내가 드디어 음악을 본격적으로 추구하기로 결심했을 무렵 내 수중에 들어왔다. 이쯤 되면 독자 여러분도 알겠지만 결심을 했다는 미미한 사실조차 내게는 커다란 발전이었다. 적어도 모호한 감정, 불안감, 주변 사람들의 기대를 저버릴지도 모른다는 걱정에 정면으로 맞서기로 마음먹었다는 뜻이었으니까. 그러나 꼭 거쳐야 하는 단계일지언정 결심하는 것 자체가 커리어를 시작하는 데 충분한 바탕이 되어주지는 않는다. 배워야 할 것이 아직도 너무나 많았다.

음악적 측면에서 볼 때, 나는 살면서 네 번째로 피아노를 배우기 시작해서 아직 테크닉을 익히고 있는 상태였다. 프로듀싱 면에서도 엄청난 속도로 발전하고 있던 레코딩 기술에 발맞춰가느라 버둥대고 있었다. 그러나 연주와 프로듀싱 실력을 닦는 것이 목표는 아니었다. 각기 다르지만 서로 연관되어 있는 여러 테크닉은 더 의미 있는 목적을 이루기 위한 도구였다. 목표는 나만의 음악을 만드는 것이었다.

아버지와 나는 그 목표에 대해 이야기하곤 했다. 아버지가 좋아하는 영화 중에 〈글렌 밀러 스토리The Gleen Miller Story(유명 재즈 뮤지션 글렌 밀러의 생애를 다룬 미국 영화)〉가 있다. 아버지의 마음을 끈 것은 자기만의 사운드를 찾으려는 위대한 밴드 리더의 집념이었다. 그 사운드야말로 글렌 밀러의 노래나 편곡에 그만의 독창적인 느낌을 불어넣어준 장본인이었다. 밥 딜런이나 엘라 피츠제럴드를 떠올려보면 알 수 있듯 모든 뮤지션의 성배와도 같은 독특한 개성은 쉽사리 만들어지지 않는다(거장 레이 찰스조차도 자기만의 위대한 음악을 창조하기 전, 처음 음악을 시작할 무렵에는 냇 킹 콜의 스타일을 모방하곤 했다).

나만의 사운드를 찾는 건 큰 목표였지만 그것도 퍼즐의 마지막 조각은 아니었다. 소소한 자산을 쥔 실용주의적 미국 중서부 출신답게 나는 창조적 추진력을 생계로 연결시킬 방법을 찾아야 한다고 믿었다. 하지만 어떻게 해야 좋을지 몰랐다. 내가 작곡하고 프로듀싱한 곡을 팔 방법, 청중과 고객은 어떻게 찾아야 할까? 솔직히 말해서 당시 나는 어떻게 해야 좋을지 전혀 알지 못했다. 한 가지는 확실했다. 대학 강의실에서 각종 개론 수업을 들으면서 그 방도를 찾아낼 수는 없을 터였다.

나는 스탠퍼드대를 떠나 음악 분야에서 잘해나갈 수 있을지 판단할 시간을 버는 데 그 돈을 썼다.

아버지의 도움에 힘입어 (정말이지 가족 중에 이런 일을 잘하는 사람이 있으면 무척 편하다) 나는 그 돈으로 최대한 오랫동안 버틸 수 있도록 계획을 짰다. 그리고 계획에 따라 샌프란시스코로 이사해서 비좁은 집에서 구닥다리 차를 타고 검소하게 살았다. 유일한 사치는 레코딩 장비를 업그레이드하는 것이었다.

그리고 피아노를 연습하고 곡을 쓰고 전자음과 다중녹음을 실험하기 시작했다. 샌프란시스코 신문에 내 주소로 찾아오면 아파트에 있는 스튜디오에서 공짜로 녹음을 해주겠다는 광고도 냈다.

그리고 기다렸다.

시간이라는 사치 누리기

할아버지에게 받은 돈은 그리 많지 않은 금액이었지만 그래도 대부분의 젊은이가 삶의 첫걸음을 내디딜 때 수중에 쥔 돈보다는 많았다. 게다가 그 돈은 직접 번 것이 아니라 다른 이에게 받은 선물이자 혜택이었다. 나는 그 점을 잘 알고 또 감사하고 있다. 처음부터 돈을 벌어 생계를 해결해야 하는 상황이었다면 내가 택한 길을 그대로 걷지는 못했으리라는 사실도 잘 안다. 결심을 굳혔으니 음악은 계속했을 것이다. 아마도 스튜디오에 취직했을 것 같다. 어쩌면 그런 경로를 통했더라면 일을 더 빨리 배웠을지도 모르겠다. 음악 산업의 상업적 측면을 더 일찍 접하고 빨리 성장하는 데 도움이 될 인맥을 쌓았을 수도 있다. 이제 와서 알 수는 없는 일이다.

아무튼 내가 갔던 길은 스스로 택한 길이었다. 다시 말해두지만 내 방식대로 음악을 시작할 시간을 벌 수 있었던 것은 혜택이었다. 그러나 여기서 이야기하고 싶은 것은 따로 있다. 경제적, 정서적 지원이나 기회, 재능 등의 측면에서 나와 비슷한 혜택을 받았는데도 나처럼 시간이라는 사치를 누리기보다 자신한테 맞을지, 보람이 있을지도 모르는 직업을 좇아 달려가는 사람이 생각 외로 많다는 것이다. 대체 왜일까?

두 가지 이유가 있는 것 같다.

첫째, 사람들은 시간과 돈의 상대적 가치를 혼동한다. 경제학자라면 누구나 대체할 수 없는 자원이 대체 가능한 자원보다 더 귀중하다고 말해줄 것이다. 그리고 돈은 유일하게 대체 가능한 자원이다. 1달러짜리 지폐는 다른 모든 1달러짜리 지폐와 똑같다. 돈을 버는 것이 쉽다거나 돈이 없어도 괜찮다는 뜻이 아니다. 갑자기 혹독한 불경기가 찾아올지도 모른다는 사람들의 불안감을 폄하하려는 것도 아니다. 그러나 돈은 여전히 '완벽히 대체 가능한 자원'이다. 오늘 있던 돈이 내일 없어질 수도, 모레 다시 생길 수도 있다.

완벽히 대체할 수 있는 것은 돈뿐이다. 사람이나 경험은 대체할 수 없다. 아름다운 노을이나 너털웃음도 똑같이 복제할 수 없다. 한 번 지나고 나면 인생의 그 어떤 순간도 되찾을 수 없다. 낭비한 시간은 영원히 사라져 버린다.

이런 관점에서 생각해보면 시간이 돈보다 훨씬 더 귀중하다는 사실은 불을 보듯 명백해진다. 그럼에도 사람들은 시간이 돈보다 훨씬 소중하다는 듯 살아간다. 모두들 자신을 파악하고 자아를 실현하는 것은 내일이나 내년에 해도 상관없지만 돈은 꼭 지금 벌어야 한다는 듯, 꿈을 이루는 것은 급하지 않지만 월급은 지금 당장 필요하다는 듯 살고 있다.

물론 살면서 돈이 급히 필요한 상황은 많다. 순수 기본적인 생계를 유지해야 하는 상황에 처해 있다면 돈을 버는 것이 시간을 가장 유용하게 쓰는 방법일 것이다.

하지만 '기본적인 생계'의 기준은 뭘까?

이 의문에는 사람들이 시간이라는 선물을 소중히 여기지 않는 두 번째 이유가 담겨 있다. 세상에는 '자신이 원하는 것'과 '자신에게 필요한 것'을 혼동하는 사람이 많다.

진정 기본적인 생활을 추구한다면 사람이 사는 데 필요한 것은 많지 않다. 《월든》에서 헨리 데이비드 소로우는 가구나 옷, 삶을 어지럽게 하는 잡동사니로 가득한 광고지를 보고 삶에서 진정 필요한 것은 두 가지, 바로 음식과 온기뿐이라고 말한 적이 있다. 두 가지조차도 지나친 낭비라고 여겼는지 음식도 몸 안의 온기를 유지하기 위한 수단일 뿐이라고 덧붙였다. 그렇다면 인간이 사는 데 궁극적으로 필요한 것은 온기뿐인 셈이다.

물론 소로우만큼 금욕적인 삶을 살려는 사람은 많지 않고, 그의 조언을 말 그대로 받아들이라는 것도 아니다. 그러나 소로우의 주장에는 진리가 담겨 있다. 살면서 필요한 물건은 많지 않다. 그리고 더 많은 물건이 필요하다고 생각할수록 삶은 더 복잡해진다.

그런 생각은 소유욕을 불러일으킨다. 무언가 소유하려는 욕구는 시간을 어디에 쓸지 결정하는 데 영향을 주므로 결과적으로 자유를 제한하게 된다. 더 많은 것들이 필요하다고 생각할수록 자유의 폭은 좁아진다. 반면, 없어도 충분히 살 수 있는 것들을 덜어내면 자유의 폭은 넓어진다. 더 많은 시간을 내 마음대로 쓸 수 있기 때문이다.

그러나 유감스럽게도 '없이 살아도 괜찮다'는 사실을 받아들이기란 쉽지 않다. 검소한 삶을 살려는 사람도 많지 않을뿐더러 검소하게 살 수밖에 없는 처지에 놓인 이들은 그 상황을 고통스럽게 여긴다.

그러나 나다운 삶을 향한 어려운 여정의 첫발을 내딛는 젊은 시절 검소한 생활을 하는 것은 고통이 아니라 오히려 꼭 해보아야 하는 도전이다. 젊을 때는 검약한 생활을 하는 것이 당연한 법이다. 그런 상황에 처하면 현명함과 유머를 기를 수 있고, 물질 대신 사람과 경험에 초점을 맞추게 된다. 전혀 나쁠 게 없다.

물론 모든 젊은이가 내 말에 동의하지는 않을 것이다. 근검하게 사는 방법, 없이 사는 방법을 아는 젊은이가 많지 않다는 것도 그 이유 중 하나다. 근검하게 사는 법은 요즘 젊은이들이 미처 배우지 못한 삶의 방법이다. 젊은이들이 그 방법을 배우지 못한 것은 부모와 사회 탓이다.

좀 다루기 껄끄러운 주제다. 부정적인 의견을 내거나 비판하는 것을 좋아하지는 않지만 이 점만큼은 현실적이고 솔직하게 이야기하려고 마음먹었으니 하는 말인데, 이 세상에는 응석받이가 너무 많다. 부모들은 넘치는 사랑과 자식이 잘되기를 바라는 마음 때문에 아이들에게 지나친 혜택을 주거나 비현실적인 기대를 불어넣는다. 이런 행동은 소위 '등 뒤에 은장도 꽂기 증후군'의 일종으로, 자식들이 자라나 자신의 가치를 정의하고, 삶을 계획하고, 어떻게 시간을 쓸지 결정하는 데 좋지 않은 영향을 미친다.

어느 남자아이가 크리스마스와 생일 때마다 사치스럽고 값비싼 선물을 받으며 자란다고 치자. 아이가 사랑과 안정감을 선물과 연결 지어 생각하거나, 그보다 더 심각한 경우로 선물을 안정감과 사랑의 대용품으로 여기는 것은 당연한 일이다. 이렇게 되면 아이는 자라서 젊은이가 되어도 백화점에서 물건을 사면서 위안과 안정감을 느낄 테고, 쇼핑할 돈이 없으면 박탈감, 심지어 상실감을 맛보게 될 것이다. 볕이 잘 들고 도우미가 상주하는 넓은 집에 사는 여자아이가 있다고 치자. 그 아이가 자라서 룸메이트와 함께 좁은 아파트에서 지내는 생활이 젊은 시절에는 얼마나 당연한 것이고 또 좋은 경험이 되는지 깨닫기는 쉽지 않을 것이다.

위의 두 아이는 모두 필요한 것과 원하는 것을 혼동하고 있다. 이들이 혼동을 겪는 원인 중 일부는 부모가 지나치게 풍족하게 키웠기 때문이다. 그런 부모 아래 자란 아이들은 살면서 언제, 무엇을, 얼마나 누리는 것이 적절한가에 대한 올바른 기준이 없다.

굳이 말할 필요도 없는 일이지만 세상에 첫발을 내딛는 학생이나 젊은이가 사치를 누리며 사는 것은 전혀 이치에 닿지도, 일반적인 일도 아니다. 이 시기는 인생을 자신의 것으로 만들기 위해 착실하게 한 걸음씩 내디뎌야 할 때이다. 자신의 노력으로 일군 열매를 얻는 모험을 막 떠나려는 참인 것이다. 독립하고 자주적으로 살려는 젊은이가 잠시 궁핍을 겪는 일도 없이 곧바로 유복한 가족의 품에서 지내던 때와 똑같은 생활을 누릴 수 있다고 여긴다면 비현실적일 뿐더러 올바르지도 않은 생각이다.

대개의 경우, 보상은 점진적으로 찾아온다. 스스로 성장하고 역량과 지식이 늘어나고 있음을 느끼고, 보너스, 승진, 창조적 성취감 등의 특별한 보상을 받는 과정을 통해 사람들은 삶의 스릴과 즐거움을 누린다. 어떻게 정의하든 간에 성공은 점진적으로 이루어지는 것이다.

성공을 이루어나가는 과정은 천천히 음미할 가치가 있다. 서둘러 해치우고 지나가버리면 득보다 실이 많아진다. 여기서 돈과 시간 중 어느 쪽에 더 가치를 두어야 하는가에 대한 의문이 다시 떠오른다. 젊은 시절부터 넉넉히 살아야 한다는 강박관념 탓에 처음부터 거액의 특별 보너스와 엄청난 초봉을 받는 직업을 택할 것인가? 아니면 일단 검소하게 살면서 진정 원하는 일이 무엇인지 시간을 들여 찾아볼 것인가? (혹은 독립 자체를 포기하고, 항상 냉장고에 간식이 있고 어머니가 방을 치워주는 부모님 집으로 다시 들어갈 것인가?)

스테이크와 샴페인에 이르는 가장 가까워 보이는 길을 택할 것인가, 아니면 스스로 발전할 시간을 버는 동안 싸구려 치즈와 사과를 먹으며 버틸 것인가?

개인적으로 한동안 싸구려 치즈와 사과만 먹으며 살아본 경험이 인생에 해가 된 사람은 한 명도 보지 못했다.

시간의 장점은 하나 더 있다. 시간은 행운이 찾아올 발판을 마련해준다. 행운은 노력의 산물이고 불운은 심술궂은 하늘의 탓이라고 여기는 사람이 많지만, 행운과 불운은 누구에게나 고르게 찾아온다. 그리고 대개 시간이 걸린다. 운을 맞이할 준비를 갖추기 위해 노력을 기울이면 찾아오는 운을 알아보고 움켜잡을 확률도 높아진다. 소 발에 쥐 잡은 것처럼 보였던 자신의 과학적 발견을 두고 루이 파스퇴르Louis Pasteur가 말했듯, '기회는 준비된 자에게 찾아온다.'

내 몫의 행운이 찾아왔던 1981년 어느 날, 나는 샌프란시스코의 보도 가장자리에 주차해둔 구닥다리 차를 닦고 있었다.

독립한 지 2년 정도 지났을 즈음이었다. 세심히 계획을 짠 덕분에 음악으로 약간의 돈을 벌게 되기까지의 시간을 잘 버틸 수 있었다. 물론 아직 생계를 유지할 정도는 아니었다. 많지 않은 수입은 그마저도 드문드문 들어왔고 모든 것이 불확실했다. 그래도 계속 작업을 했고 돈도 어느 정도 벌고 있었으므로, 내심 '프로 뮤지션'이라는 명예로운 타이틀을 달아도 되겠다며 자부하고 있었다.

아니면 최소한 '악전고투하는 뮤지션' 타이틀을 달 정도는 됐던 것 같다.

나름 바쁘게 지낼 수 있었던 이유 중 하나는 돈이 되건 안 되건 가리지 않고 일거리라면 모두 닥치는 대로 맡았기 때문이었다. 그 시절 나는 곡 쓰는 기술을 익히기 위해 곡을 썼다. 음악을 영화에 맞추어보고 사운드를 이용해 스토리를 진전시키는 법을 터득하려고 단편영화용 음악을 만들었다. 내게 있어 일거리는 햇병아리 작곡가로서 살아남기 위한 공부인 동시에 가슴 떨리는 도전이었다.

점점 긴밀해져가던 음악과 기술의 상호 관계에 주목하고 있었으므로 돈이 생길 때마다 레코딩 장비를 업그레이드하고 오디오 기술뿐 아니라 비디오 기술의 최신 발전에도 발맞추려 애썼다. 들어오는 일거리를 학교 과제처럼 여기고 일을 통해 얻는 배움 자체가 보람되다고 생각했다. 더불어 돈까지 들어오면 금상첨화였다.

아무튼, 1981년의 그날 키보드를 치다 잠시 휴식이 필요했던 나는 양동이와 스펀지를 집어 들고 낡아빠진 폭스바겐 차를 세차할 겸 밖으로 나갔다. 샌프란시스코에서는 보기 드물게 맑고 화창한 날이었다. 산책하거나 정원을 손보거나 현관 입구 계단에 앉아 있는 사람들이 눈에 띄었다. 가끔씩 눈인사만 나누며 지나치던 이웃집 아저씨도 나와서 내가 차를 닦는 동안 곁에 서 있었다. 어쩐지 울타리에 흰 페인트칠을 하는 톰 소여가 된 듯한 기분이었다.

한동안 잡담을 나누던 중, 아저씨가 직업이 뭐냐고 물었다. 근근이 벌어먹고 사는 작곡가라고 말했더니 만화 영화 제작자인 사위가 뮤지션을 구하고 있다며 한번 연락해보라고 했다.

아저씨 말대로 당장 연락해서 그 사위와 직장동료들을 만나보았다. 아닌 게 아니라 정말 내게 줄 만한 일거리가 있었다. 솔직히 말하자면 좀 김이 새는 일거리이긴 했다. 그 회사에서는 신생 케이블채널의 이름과 로고를 알리기 위한 10초짜리 단편 광고를 만들고 있었는데, 그 광고에 쓸 음악이 필요하다는 것이었다.

겨우 10초라니? 10초는 일반적인 CM송보다도 짧은 시간이었다. 게다가 케이블TV라니? 1981년 당시 케이블TV는 아직 널리 보급되지 않았고 미래가 불확실한 매체였다. 설상가상으로 신생 채널이라고? 채널이 진짜 빛을 볼지 어떨지도 불확실했다.

물론 나는 두말 않고 그 일거리를 맡았다. 그 케이블채널은 무사히 론칭되었고, 얼마 지나지 않아 인기가 하늘을 찔렀다. 채널의 이름은 MTV였다. MTV는 유행을 선도하고 1980년대를 대표하는 문화현상이 되었다.

그러자 갑자기 수많은 방송국이 시각적, 음악적으로 MTV와 비슷한 느낌을 내려 애쓰기 시작했다. 광고주는 자사 제품을 MTV풍 이미지와 음악으로 꾸며달라고 주문했다. 심지어 영화도 영향을 받아 MTV 스타일의 현대적 느낌을 내는 데 주력했다. 이렇게 만 말해두자. 나는 더 이상 돈이 안 되는 일을 맡지 않아도 되었다.

이 이야기의 교훈은 무엇일까? 우선 자기 차는 스스로 닦으라는 것이다. 내가 그렇게 아껴가며 살지 않았다면 전문 세차장에 차를 맡겼을 테고 결국 이웃집 아저씨를 만나지 못했을 테니까.

농담은 접어두고, 이 이야기의 교훈은 시간을 어떻게 쓰는가에 있다.

운명을 빨리 찾아오게 만들 능력이 있는 것처럼 조급하게 행동 했다면 나는 다가온 행운을 알아보고 활용할 준비를 갖추지 못했 을 것이다. 수백 시간 동안 돈 안 되는 일거리와 씨름하며 레코딩 장비를 다루는 법을 익히지 않았다면 나만의 사운드, 나만의 접근 법을 찾을 수도 없었을 것이다. 그러려면 인내가 필요했다. 인내란 믿음의 동의어다. 언제일지는 몰라도 운이 꼭 찾아올 것이라는 믿음이 필요한 것이다. 행운이 찾아오는 순간을 마음대로 정할 수 있다고 생각하는 사람이 있다면 분명 건방진 바보일 게다. 내가 할 수 있는 일은 오로지 준비하는 것뿐이다.

대체 무엇을 위해 준비하느냐고? 미리 알 수는 없다. 그 사실은 최선을 다해 시간을 활용하려는 이들에게 또 하나의 교훈을 시사 한다. 바로 겸허한 태도를 지녀야 한다는 것이다. 당시 나는 이해 도 경험도 일천한 나이였지만, 미래에 어떤 일이 일어날지는 전혀 알 수 없으며 심지어 어떤 일이 일어나길 바라야 좋을지조차 모른다는 것을 알고 있었다.

그러니 어디로 가고 싶은지 제대로 확신도 하기 전에 삶을 전속력으로 달려가는 것은 과연 얼마나 이치에 닿는 행동이겠는가.

7장

행운을 찾아 나서는
대신 실천하라

스스로 원하는 삶을 만들어가는 여정에서 진정한 소명을 찾아내는 단계는 지극히 중요하다. 그렇지만 그건 어디까지나 첫걸음일 뿐이다.

소명을 찾아냈다면 그에 따르는 과제와 이면을 알아내기 위한 시간을 버는 것 또한 중요한 과정이다. 그렇지만 그것도 두 번째 단계에 지나지 않는다.

그 단계를 거치고 나면 중요한 의문이 고개를 든다. 일단 소명을 찾고 준비를 갖춘 뒤에는 무엇을 해야 할까?

나는 미국 중서부 출신답게, 또 우리 아버지의 아들답게 실용적인 관점에서 이 문제를 바라보았다. 소명을 취미나 언젠가 이루고 싶은 막연한 꿈이 아니라 직업으로 발전시키고자 할 때 다다르게 되는 단순하지만 확고한 진실은, 소명을 소득과 연결시킬 방법을 찾아보아야 한다는 것이다.

그러고 보면 '하고 싶은 일'과 '해야 하는 일' 간의 관계를 보는 시각 또한 사회적 유행에 따라 양극단을 오갔다. 이제 내가 중시하는 가치와 바깥세상이 금전적인 대가를 지불하는 가치 사이의 복잡한 관계에 대해 생각해보았으면 한다.

이전 시대의 수많은 젊은이들은 세상과의 타협을 집착에 가까우리만큼 혐오했다. 돈벌이와 관련된 것이라면 무엇에든 의혹의 눈초리를 보냈고 대기업이나 큰 회사에서 일하는 직장인은 이미 세상과 타협해버린 거나 다름없다고 생각했다. 그런 시선 아래에는 소위 괜찮은 직업을 갖거나 상사가 시키는 일을 하고 고객을 만족시키려면 어쩔 수 없이 스스로에게 솔직하지 못한 삶을 살아야 한다는 생각이 깔려 있었다. 나아가 그렇게 타협적인 행동은 또래 세대 전체의 이상과 특성을 거스르는 짓으로 취급받았다.

지금 생각해보면 그때 젊은이들이 열렬히 지지했던 극단적인 개인주의는 그들만큼이나 극단적으로 사회에 순응했던 윗 세대(그 시대 사람들은 조직 사회에서 회색 플란넬 양복을 입고 영혼도 없이 회사와 집을 오갔다)에 대한 반작용이었다.

문제는 당시 젊은이들이 자신을 팔아넘기고 세상과 타협하는 것을 지나치게 두려워한 나머지 기본적인 경제적 현실마저 간과했다는 데 있었다. 경기가 좋을 때조차도 직접 옷을 염색하거나 향을 팔거나 탬버린을 치면서 먹고살 수 있는 사람의 숫자에는 한계가 있는 법이니까.

최근에는 경제전망이 훨씬 불투명해진 탓인지 유행이 반대쪽으로 흘러가고 있다. 요즈음에는 사회 초년생과 산전수전 다 겪은 베테랑 모두 경솔해 보일 정도로 서슴지 않고 자신을 팔아넘긴다. 어떻게든 세상과 타협하려고 발버둥 치는 것 같다. 시장에 의문을 제기하는 대신 고민조차 하지 않고 양팔 벌려 세상의 가치관을 받아들인다.

그렇지만 나의 가치관은 어떻게 할 것인가? 나의 열정은? 제대로 사는 삶에 대한 나의 신념은?

시절이 좋지 않고 미래가 어두워 보일 때면 나의 꿈과 취향은 미처 고려할 여유가 없는 사치라고 생각하게 마련이다. 일단 시급한 과제는 직장을 구하고 어떻게든 붙어 있는 것이기 때문이다. 이런 기분을 이해할 수 없는 것은 아니지만, 그런 선택이 장기적인 행복과 자존감을 보장해 줄는지는 의심스럽다.

학교를 때려치우라거나 히피주의로 귀환하라고 주장하는 것이 아니다. 나는 스스로 생계를 해결하는 것이 무척 중요하고 꼭 필요한 일이라고 믿는다. 직업을 갖고 돈을 버는 것은 나라는 사람을 정의하는 과제 중 하나다.

다만 관건은 '균형'이다. 스스로에게 충실한 삶을 살고, 집세와 생활비를 버는 동시에 소명을 따르고 싶다면 개인적 능력과 취향, 그리고 물질적 세계가 교차되는 지점을 찾아야 한다. 내가 진정 하고 싶은 일, 그리고 세상이 그 가치를 높이 사서 기꺼이 대가를 지불하려는 일의 접점이 어디인지 알아야 하는 것이다.

수년 전, 지금까지도 뇌리에 깊이 박혀 있는 버나드 맬러머드 Bernard Malamud의 글을 읽은 적이 있다. 맬러머드는 엄청난 재능을 비롯, 모든 것을 가진 운 좋은 사람이었다. 작품은 평단의 절찬을 받았고, 소설은 〈에스콰이어〉나 〈뉴요커〉 등 유명 잡지에 실렸다. 많은 순수문학 작가와는 달리 상업적으로도 성공했다. 그의 작품은 베스트셀러가 되었고 그중 《내추럴》과 《수선공》은 메이저 영화로 만들어졌다.

아무튼 내가 본 글은 어느 단편집의 서문이었다. 거기에는 이렇게 씌어 있었다.

"뛰어난 작가라도 원하는 대로만 쓸 수는 없다."

단순하고 평이한 문장이어서 그냥 읽어 넘겼지만 나중에 다시 돌아보니 얼마나 놀라운 의미가 담겨 있는지 깨닫게 되었다.

내 생각에 이 말은 제아무리 재능과 경력을 갖춘 전업 작가라도 컴퓨터 앞에 앉기만 하면 누에고치에서 실을 뽑듯 자연스레 이야기를 풀어놓을 수 있다고 믿는 것은 환상에 불과하다는 뜻인 것 같다. 맞는 말이다. 글을 쓰려면 한 단계가 더 필요하다. 바로 '조율'이다. 그 결과 작가의 열띤 충동과 잠재적 독자를 위한 배려가 적절히 조화된 작품이 탄생한다.

'타협' 대신 '조율'이라는 단어를 쓴 데 주목해주길 바란다. 그건 타협이 아니다.

오히려 위의 글은 맬러머드가 다양한 재능을 지니고 있었다는 것을 보여준다. 순수히 창의적인 측면뿐 아니라 시장을 이해하는 눈, 자신의 비전을 독자에게 전달하는 능력과 기술이 필요하다는 것을 알고, 재능을 십분 활용해서 예술성과 상업성이 교차하는 지점을 찾아낸 것이다. 그리고 놀랍게도 자기 자신의 목소리를 그대로 유지하면서 그 과업을 이루어냈다.

이런 과정이 작가나 창조적인 직업군에만 해당된다면 굳이 길게 논할 필요가 없을 것이다. 그러나 나는 맬러머드의 말이 소명과 생계를 연결 짓고자 열심히 노력하는 사람들 모두에게 중요한 교훈을 전해준다고 생각한다.

소설을 쓰건 도랑을 파건 간에 돈을 받고 일할 때는 돈을 지불하는 사람을 만족시켜야 할 의무가 있다. 그리고 아무리 돈을 지불하는 사람의 요구사항을 감안했다 하더라도 결과물은 어디까지나 나의 작품이다.

역설적이지만 완성된 결과물은 소비자의 것임과 동시에 나 자신의 것이다. 내 것이라는 표식을 찍고, 나만의 독창성을 떼어 넣어둔 것이나 마찬가지다. 내가 해낸 일이기에 나 자신의 일부이기도 한 것이다.

이렇듯 대가를 받고 내가 만들어낸 결과물을 파는 동시에 나의 일부로서 간직한다는 모순을 받아들이는 것은 프로가 되는 과정의 일부다. 소명을 찾는 단계에서 실천하는 단계로 나아가는 과정의 일부인 것이다.

진리의 척도는 실용에 있다

내가 프로 작곡가의 세계에 입문한 계기는 텔레비전 광고 주제곡을 작곡한 것이었다. 광고계는 말할 필요도 없이 창조성과 상업성이 얽히고설킨 분야이다. 선각자적인 광고 제작사 벤튼 앤 보울스에서는 "소비자에게 먹히지 않으면 창의적인 작품이 아니다"라고까지 말한 바 있다. 몇몇 순수주의자는 이런 주장에 분노할지도 모르지만 그래도 그것이 현실이다.

광고 주제곡을 쓰면서 크고 작은 교훈을 얻었다. 가장 근본적인 교훈은 내가 서비스 분야에서 일하고 있다는 사실을 자각하고 인정해야 한다는 것이었다. 내 음악은 음악 자체에서 끝나는 것이 아니라, 제품을 팔기 위한 더 큰 계획의 부품이었다.

반박이나 해명을 할 마음은 없다. 인생의 다른 모든 일이 그렇듯 광고음악 또한 잘 쓸 수도, 못 쓸 수도 있으며 좋은 곡을 작곡했을 때는 일에 존엄과 긍지를 느낄 수 있다. 어떻든 간에 고객에게 서비스를 할 의무가 있다는 것은 엄연한 현실이다. 그 점을 진정 이해하고 받아들이는 것은 프로가 되는 과정이자 소명을 직업으로 만들어가는 과정의 일부다.

또 한 가지 내가 깨달은 사실은 영혼을 쏟아부어 만든 내 음악이 광고라는 전체적 맥락 안에서는 중요한 역할을 차지하는 일이 거의 없다는 것이었다. 광고에서 가장 중요한 요소는 제품이다. TV는 근본적으로 시각매체이므로 두 번째로 중요한 요소는 시각효과다. 신선한 콘셉트나 시선을 끄는 카피 문구가 그 뒤를 잇는다. 그러고 나서야 마지막으로 음악이 등장한다. 음악은 광고의 분위기를 결정하거나 첫인상을 각인시키는 등 비중 있는 조연을 맡는 경우도 간혹 있지만, 있어도 그만 없어도 그만인 배경음악에 머무는 일도 많다.

그러나 내가 배운 교훈, 그리고 모든 분야의 모든 직장인에게 적용된다고 보는 교훈은 여기서 등장한다. 광고에서 음악의 중요도가 높든 낮든, 나는 내 음악이 마치 광고 전체의 핵심인 것처럼 생각하며 일했다.

이유는 두 가지다. 첫째, 자긍심 때문이다. 앞서 썼듯이 돈을 벌려고 일을 할 때, 내 노력을 쏟은 결과물은 소비자의 것인 동시에 나의 일부로 남는 모순이 존재한다. 노력하지 않고 쉽게 일하려 들거나 내가 대수롭지 않은 역할을 맡았다고 생각한다면, 그건 고객을 속이는 일일뿐더러 나 자신에게도 폐를 끼치는 것이다. 내 능력 이하의 결과물을 내놓게 될 테고 (나 말고는 아무도 알아채지 못할지라도) 부족한 결과물을 내놓았다는 창피스러운 기분을 느끼게 될 것이다. 미흡한 결과물은 마음속에 부끄러운 응어리로 남게 된다.

내가 맡은 일이 가장 중요한 것처럼 행동하는 편이 바람직한 두 번째 이유는 좀 더 실질적이다. 그렇게 행동하는 것이야말로 프로로 거듭나는 최선의 방법이자 유일한 방법이기 때문이다. 인생은 학교다. 매일의 업무는 곧 새로운 것을 배울 기회다. 세상이 던져주는 과제 하나하나는 내 기술을 갈고닦으며 집중력을 다질 기회인 것이다.

칼날을 가는 행위를 떠올려보면 이해하기 쉬울 것이다. 칼은 나 자신이고, 내게 많은 것을 요구하고 기대를 거는 바깥 세계는 숫돌과 같다. 나의 날을 세우는 유일한 방법은 나와 숫돌을 마찰시키는 것뿐이다. 세상이라는 숫돌은 너무나 거대하고 날을 가는 과정 또한 가차 없이 냉혹하기 때문에 몸을 내맡기려면 어느 정도 용기가 필요하다. 또 나의 내면이 닳아 없어질 때까지 숫돌에 갈릴지도 모른다는 사실을 받아들이는 겸허한 용기도 필요하다. 날을 세우려면 수동적인 동시에 적극적인 마찰이 필요하다. 숫돌에 어느 정도 스스로를 내맡기는 동시에 적절한 각도와 적당한 강도를 고수

해야 한다. 이렇게 창의력과 열정, 결심의 불꽃을 튀기며 잘 단련되고 나면 우리는 더욱 새롭고 발전된 모습으로 다시 태어나게 된다.

어제의 선의가 자라 맺은 오늘의 과실

실제 직장생활에서는 칼날과 숫돌이 아니라 나와 다른 사람 사이에 불꽃이 튀게 된다. 돈을 받고 일하다 보면 필연적으로 복잡다단한 인간관계를 맺어야 하기 때문이다. 상사, 동료, 고객과 원만한 인간관계를 유지하는 것은 직장에서 성공을 결정짓는 요소일 뿐 아니라, 일과 자아 사이에 갈등이 벌어질 경우 균형을 되찾을 때에도 큰 도움이 된다.

사례를 하나 들어보자. 나는 극도로 자기비판적인 편이어서 작업에 만족하는 법이 거의 없다. 하지만 광고음악을 쓰기 시작한 지 얼마 되지 않았던 시절에는 단번에 마음에 쏙 드는 곡조나 사운드가 떠오를 때가 간혹 있었다. 그럴 때면 완벽한 성과를 만들어냈다는 자신감에 부풀어 고객 회의에 들어가곤 했다.

그런데 회의에 들어가 보면 고객이 내 작업을 그다지 마음에 들어 하지 않거나, 심지어 너무 싫어하는 경우도 간간이 있었다. 내 마음에 쏙 들었던 바로 그 부분이 문제라고 지적당하기도 했다.

분통을 터뜨리는 것 외에는 달리할 수 있는 일이 없었다. 누구나 이런 상황에 처하면 본능적으로 방어적인 반응을 보이게 된다.

'내 생각이 맞는데! 바보 멍청이 같으니!'

기분을 이해할 수 없는 것은 아니지만 그렇다고 저런 식으로 말한다면 결과가 어떻게 될까? 단기적으로 본다면 아마 회사에서 잘리게 될 것이다. 더 심각한 장기적인 손해는 배울 수 있는 기회를 놓쳤다는 데 있다.

어쩌면 의외로 고객이 바보가 아닐 수도 있다. 내가 아직 깨닫지 못한 사업의 생리를 이해하고, 내가 아직 손에 넣지 못한 폭넓은 시각을 갖고 있는지도 모른다. 모욕당했다는 생각에 방어적인 태도를 취하는 대신 진정 마음을 열고 고객의 말을 들어본다면 그 과정을 통해 한 단계 발전할 수 있다.

다시금 강조하지만 이런 상황에서 필요한 것은 균형감이다. 우리의 감정과 자존심은 대부분 균형감에 좌우되기 때문이다. 자존심과 일적으로 만나는 사람들의 요구사항 사이에서 균형을 잃지 말아야 한다. 내 삶과 일은 물론 내 것이지만, 어느 정도는 바깥 세계의 영향을 받게 마련이다. 마음을 열고 주변의 조언을 숙고해보지 않는다면 지금 잘하고 있는지, 가치 있는 결과물을 내고 있는지 어떻게 알 수 있겠는가?

그래서 나는 음악을 향한 내 열정이 일을 잘해내는 데 꼭 필요하기는 하지만 가장 중요하거나 결정적인 요소는 아니라는 사실을 깨달았다. 다른 사람도 내가 쓴 곡을 마음에 들어 해야 했다. 혹시 사람들이 내 곡을 마음에 들어 하지 않을 경우, 곡을 고쳐 쓰거나 서랍 속에 넣어두고 새로이 시작할 준비를 갖춰두어야 했다.

반가운 반전이 있다. 옆에서 해주는 조언을 고까워하거나 짜증 내지 않고 받아들이면, 십중팔구 처음에 썼던 곡보다 더 나은 결과물을 만들어낼 수 있다.

결과물에 이르는 과정은 순탄하지 않을지언정, 한층 만족스러운 음악을 완성하는 데 도움을 준 고객과 동료에게 고마운 마음을 가져야 한다는 것도 깨달았다. 동료와 고객의 조언에 귀를 기울이고 인간관계를 존중하면서 나는 한 단계 더 발전할 수 있었다.

작곡은 근본적으로 고독한 일이다. 일단 곡, 리듬, 양식이 작곡가의 머릿속에 떠오르면 작곡가 혼자서 키보드로 연주하거나 악보에 옮겨 써야 한다. 그리고 나서야 비로소 다른 이들과 함께 나눌 수 있게 된다.

이처럼 작곡 자체는 고독한 작업이지만, 모순적이게도 돈을 벌기 위해 하는 작곡은 필연적으로 협동적인 성격을 띤다. 그 과정에서 자아와 바깥세상이 만나면서 갈등의 근원이 생겨난다. 곡은 언제 내 손을 벗어나 고객에게 넘어갈까? 곡을 놓아 보내는, 때로는 쉽지 않은 과정에는 어떤 자세로 대처해야 할까? 프로이트는 이렇게 손에 쥐고 놓지 않으려는 욕망을 두고 유아적이고 항문기적인 행동이라고 주장한다. 그럴 수도 있고 아닐 수도 있다. 어쨌든 내가 쓴 곡이 온전히 남았으면 싶은 마음을 부정할 수는 없다. 그 점이 갈등의 핵심이다. 내가 쓴 곡을 다른 이가 멋대로 주무르는 것이 마음에 들지 않는 것이다. 그러나 일단 곡을 팔고 나면 상대는 내 곡을 마음대로 수정할 합법적인 권리를 갖게 된다.

어떻게 하면 이런 문제를 해결할 수 있을까?

광고음악 작곡을 막 시작했을 무렵에는 키보드 앞에 앉아 있는데 고객이 등 뒤에 바짝 붙어 서서 "이거에 어울릴 만한 음악 부탁해요"라거나 "저걸 좀 더 라틴 풍으로 해봐요"라거나 "이 부분을 더 흥겹게 바꿔 보는 건 어때요?"라고 주문하는 순간들이 몸서리치게 싫었다.

그렇게 다른 이의 기대가 주는 압박감에 맞닥뜨리면 우선 불안에 휩싸였다(물론 겉으로 드러내 보이지 않으려 최선을 다했다). 입이 바짝 마르고 머릿속은 텅 비었으며 키보드를 내려다보면 한순간 건반이 낯선 이방인처럼 느껴지곤 했다. 다행히도 대부분의 경우 쓸 만한 멜로디를 떠올릴 수 있었다. 그게 내 일이었으니까. 그렇지만 남의 주문에 맞추어 곡을 쓰는 과정은 힘겨웠다.

시간이 흐르면서 그 과정은 좀 더 쉬워졌다. 경험이 쌓이면서 마음가짐이 바뀌었기 때문이다. 처음 몇 년 동안은 즉석에서 작곡해 달라는 주문을 받을 때마다 고객이 동료가 아니라 적처럼 보였다. 고객은 이래라저래라 시키는 입장이었고 나는 그대로 해야 하는 입장이었다. 나는 뭐든 멜로디를 만들어내야 했고, 판단은 고객이 내렸다.

그러나 경험이 쌓이고 차츰 자신감이 붙으면서 그런 시각은 생산적이지도, 올바르지도 못하다는 것을 깨닫게 되었다. 과제 앞에서 나와 고객은 동지였다. 우리는 함께 성과를 내야 했고, 적이 아니라 함께 일하는 동료였다. 나는 음악을 만드는 과정에 고객이 기여하는 부분을 존중할 필요가 있었다. 그러려면 우선 스스로의 불안감을 해소하기 위해 긴장을 늦추어야 했다.

또한 내 생각을 한 발짝 양보해서 고객과 힘을 합쳐 만들어낸 결과물도 어디까지나 내 작품이라는 사실도 받아들여야 했다.

이 과정에 대해 길게 설명하게 된 이유는 개인적으로 음악뿐 아니라 모든 일이 근본적으로는 개인적 노력의 산물이라 믿기 때문이다. 물 흐르듯 매끄러워 보이는 팀워크도 개인이 최선을 다하고 동료들과 함께 공통된 목적을 세우는 데서부터 시작된다.

영화의 엔딩 크레디트를 끝까지 본 적이 있는지? 영화 한 편을 스크린에 올리기 위해 수백 명의 사람들이 힘을 모아 일한다. 그보다 더 협동적인 작업은 상상하기 어려울 정도다. 하지만 이들은 자기 몫의 일을 하는 동안에는 혼자서 작업한다. 팀원 하나하나가 자신의 일부를 작품에 떼어 넣는다. 그리고 모두 프로정신과 자부심을 갖고 일한다.

영화계뿐 아니라 학교, 병원, 재단에서도 상황은 마찬가지다. 많은 사람들이 모여 모두의 열정과 포부가 담긴 공통 목표를 달성하기 위해 '따로 또 같이' 일하는 곳이라면 어디든 상황은 같다.

사람들은 협동과 팀워크를 통해 혼자일 때보다 훨씬 위대한 일을 해낸다. 그러나 이런 팀워크는 팀원 각각이 자신의 독창성과 특별한 재능을 십분 발휘했을 때에야 비로소 가능해진다.

팀원 각각이 결과물에 무언가를 보태고, 동시에 자신이 보탠 부분을 자기 것으로 간직한다.

자칫 모순되어 보이는 두 사실을 이해하는 것은 '소명을 찾는 단계'와 '행동으로 옮기는 단계' 사이에 놓인 필요불가결한 다리와 같다는 것이 내 생각이다.

소명을 찾는 것은 근본적으로 자아를 발견하는 과정이다. 나는 어떤 분야에 재능이 있을까? 내가 진심을 다하는 분야는 어디일까? 나 자신 앞에 진실되고, 소명대로 살고 있다는 믿음을 심어주는 일은 무엇일까?

한편 소명을 행동으로 옮길 때에는 소명을 찾을 때와는 다른 여정, 나 자신을 초월한 여행을 떠나야 한다. 내 안에서 발견한 재능과 능력을 어떻게 바깥 세계와 연결 지을까? 세상이 내게서 필요로 하는 것은 무엇일까? 내 소명이라고 자부하는 일과 바깥세상이 내게 기대하는 일의 접점은 어디일까?

그 접점을 찾는 것은 삶의 가장 중대한 과제 중 하나다. 운 좋게도 그곳을 찾아내고 내가 한 일에 경제적 대가를 받을 수 있을 만큼 큰 행운이 따른다면 소명은 비로소 직업으로 거듭나 가슴 벅찬 성취감을 안겨줄 것이다.

8장

실수에서 배우라

"천재는 실수를 저지르지 않는다. 천재의 실수는 자신의 의지에 의한 것이며 새로운 발견의 실마리가 된다."

제임스 조이스가 셰익스피어를 두고 한 말이다. 천재라면 들어맞는 말일지도 모르겠다. 하지만 나처럼 천재가 아닌 보통 사람은 많은 실수를 한다. 물론 고의로 실수를 저지르는 것은 아니고, 다만 사람이기 때문에 실수를 한다.

아는 것이 모자라서 실수하고, 실제보다 더 많이 안다는 착각에 빠지는 바람에 실수한다.

순간의 중요함을 간과할 때 실수하며, 순간만을 생각할 때도 실수한다.

초조해할 때 실수하고, 우유부단할 때도 실수한다. 바보 같은 행동을 하기도 하고, 바보처럼 손을 놓고 있기도 한다.

너무 대담해서 저지르는 실수도 있고, 너무 소심해서 저지르는 실수도 있다. 야망이 지나쳐서 저지르는 실수도, 꿈이 모자라 저지르는 실수도 있다.

스스로의 가치관과 거리가 먼 행동을 하는 것도 실수다.

실수의 규모나 형태 또한 원인만큼 다양하다. 잠시 얼굴이 붉어지는 조그만 실수가 있는가 하면 몇 년, 때로는 수십 년간 유감과 후회가 밀려오는 큰 실책도 있다. 그러나 원인이나 규모와 상관없이 모든 실수에 해당되는 진리가 있다. 바로 실수는 배움의 기회라는 사실이다.

실수는 발견의 실마리다. 이건 비단 천재들만의 이야기가 아니라 우리 같은 보통 사람의 경우에도 마찬가지다.

삶이 던지는 무수한 의문 중 한 가지에 잘못된 답을 낸 적이 있다면 옳은 답, 적어도 자신에게 맞는 답에 한 걸음 가까이 다가갔다고 보면 된다. 부주의하거나 확신이 부족해서 실수를 저질렀을 때 밀려드는 자책감은 오히려 스스로 세운 기준을 지키고 정신을 차리라는 모종의 신호다. 바보 같은 짓을 저지르고 그 결과를 맞닥뜨리는 것은, 무엇을 잘못했고 원인이 어디에 있는지 알아낼 기회를 준다.

즉, 사람은 실수를 하면서 배운다.

그 사실을 강조하는 이유는 힘들거나 상황이 불투명한 시절 저지른 한 번의 실수가 마치 절대 지워지지 않는 주홍 글씨라도 되는 것처럼 실수를 지나치게 두려워하는 사람들을 자주 보았기 때문이다.

단언컨대 현실은 절대 그렇지 않다. 실수가 영원히 남는 경우는 거의 없다. 대부분의 실수는 생각보다 어렵지 않게 고칠 수 있고, 실수하는 것이 부끄러울 이유도 없다. 그러나 실수를 저지를지도 모른다는 '두려움'은 자신을 한계 속에 가두어버리는 부정적인 감정이다.

넘어질지도 모른다는 두려움에 몸을 내맡기고 휘둘린다면 결국에는 남들이 많이 지나간 넓은 길만 걷게 될 것이다. 스스로에게 실수할 여지를 주지 않는다면 종당에는 아예 기회에 손을 뻗지 못하게 될 것이다. 그리고 두려움을 무릅쓰고 기회를 잡지 않으면 진정한 자신의 모습이나 열정을 영영 찾지 못하게 될 수도 있다. 내 마음을 따라가다 헛발을 디딜지도 모른다고 두려워하다 보면 결국 다른 모두와 똑같은 길을 걷게 될 것이다.

그뿐 아니다. 가능한 실수하지 않기 위해 아무리 노력해도 결국 실수는 일어난다. 누구나 실수한다. 인생에서 실수를 피할 수 있는 사람은 없다. 실수는 삶의 일부이기 때문이다.

삶은 스스로 만들어내는 거라 믿으며 생생하고 진정한 삶을 원한다면 살면서 가끔은 실수를 저지를 수밖에 없다는 사실을 인정해야 한다. 어차피 완전히 없앨 수 없다면 포용하는 편이 낫다. 실수를 하면 일단 인정하고 실수를 저지른 나 자신을 용서한 다음,

실수로부터 배우자.

부디 어떤 실수도 낭비하지 말기 바란다.

● ●

댄과 제프라는 두 형제가 있다.

형제는 캘리포니아 주의 부유하지는 않지만 안락한 가정에서 자라났다. 아버지는 나사NASA의 하청업체에서 엔지니어로 근무했다. 어머니는 교사로 일하다가 형제가 어렸을 때 일을 그만두고 외국에서 온 아이들에게 영어를 가르치는 과외 교습을 했다.

형제에게 적절한 직업이란 이런 것이라는 본보기를 보여준 것은 아버지였다. 엔지니어였던 아버지는 수십 년간 같은 회사에 몸담았다. 안정적이었고 고용이 보장되어 있었으며 유급휴가와 복지도 좋았다. 아버지는 열심히 일했고, 운 좋게도 여러 직업군에 따르게 마련인 스트레스와 불확실한 미래에 시달리지 않아도 되었다. 게다가 진정 일을 즐겼다. 비행기 날개의 황홀하리만큼 우아한 선이나 로켓엔진의 놀라운 추진력에 대해 이야기할 때면 마치 어린아이처럼 열심이었다.

아들들은 아버지의 능력 중 일부를 이어받았지만 전부를 물려받은 것은 아니었다. 형제는 무척 명석했고 특히 수학과 과학에 두각을 나타냈다. 학문적 성향을 놓고 보면 아버지의 발자취를 따라 엔지니어가 되기에 더할 나위 없이 적합해 보였다.

그러나 무언가가 빠져 있었다. 바로 열의였다. 아버지에게 엔지니어링은 신나고 보람찬 일이었지만, 아들들에게는 정해진 것처럼 당연하게 느껴지는 선택이었다. 겉보기에 가장 안전하고 실수를 저지를 확률이 가장 낮을 성싶은 진로였다.

형 제프는 아버지가 걸었던 길로 쉽게 나아가 전기 기사가 되었다. 당시 전기 기사는 꽤 좋은 직업이었다. 소프트웨어 회사에 다니며 돈도 많이 벌었다. 그는 일을 좋아하지도, 싫어하지도 않았다. 그냥 직업이었고, 그걸로 충분했다.

동생 댄은 그렇게 당연한 길을 택하지 않았다. 진정 무엇을 하고 싶은지 확신하지 못했던 것이다. 그래서 가족의 큰 걱정거리가 되었고 댄 자신도 많은 어려움을 겪었다. 한 군데 눌러앉지 못하고 잇따라 마음을 바꿨다. 여러 실수를 저질렀다. 전기공학 학위를 땄지만 학위를 활용할 수 있는 회사에 들어가기는 싫었다. 요리사가 되어볼까도 했지만 일을 시작해보니 식당이 어떻게 굴러가는지에만 흥미가 있었을 뿐 정작 음식에는 관심이 없었다. 삶이 꼬이기 시작했다. 써먹지도 못할 학위와 더 이상 계속하고 싶지 않은 분야의 경력만 남았다. 실수에 더 큰 실수가 따라붙었다.

시간이 지나고 닷컴 기업들이 줄줄이 도산하면서 둘 중 더 믿음직스러운 삶을 살던 제프는 일자리를 잃었다. 제프의 잘못은 아니었다. 다른 많은 사람들처럼 누구도 예측하거나 통제할 수 없었던 불경기의 희생양 중 하나가 되었을 뿐이었다. 어쨌든, 일자리를 잃으면서 제프는 자신이 했던 선택 중 여러 가지를 다시 곱씹어보게 되었다.

"어렵지만 정말 흥미로운 과정이었습니다. 처음에는 일자리를 잃은 것이 실수라고 생각했습니다. 그런 생각이 드는 것도 당연하지 않습니까? 어제는 직장이 있었는데, 오늘은 갈 데가 없어졌으니까요. 실직한 시점이야말로 제가 바보짓을 저지른 때라고 생각했습니다. 그렇지만 차츰 그게 다가 아니란 걸 깨닫게 되더군요. 일자리를 잃은 건 실수가 아니라 실수에 대해 생각하게 만든 계기일 뿐이었어요. 진정한 실수는 애초에 그 회사에 입사한 것이었습니다.

왜 그 회사에 취직했을까요? 일이 진정 재미있게 느껴졌던 적은 한 번도 없었습니다. 그저 안전한 진로라고 생각했기 때문에 택한 거죠. 다른 길을 고민하면서 고생하거나 불안에 떨지 않아도 되니까요. 실수를 피할 수 있을 거라 생각했다는 게 실수였습니다."

뼈아픈 깨달음이었다. 그러나 실수란 영원한 재난이 아니라 일시적인 차질에 불과하다. 패배가 아니라 진로를 수정하는 것일 뿐이다. 그리고 닷컴 기업의 줄도산이든 최근의 금융위기든 간에 경제적 불황에 좋은 점이 하나라도 있다면, 바로 사람들은 그처럼 힘든 시기를 겪으면서 비로소 장기적인 관점에서 보람찬 삶으로 나아가는 데 필요한 자아성찰을 하게 된다는 사실일 것이다.

일자리를 잃자 제프는 전 직장에서 마음에 들었던 점과 싫어했던 점에 대해 생각해볼 시간이 생겼다. 과학은 원래 좋아했고 기술혁신에 대해서도 순수한 열의를 품고 있었다. 그러나 사무실에 앉아 사람이 아닌 기계와 소통하면서 일하는 것은 싫었다.

예전에 저질렀던 실수를 통해 새로운 깨달음을 얻은 제프는 다른 진로를 택했다. 법대에 진학했고 졸업 이후 변리사로 일하게 됐다. 전에 쌓은 과학적 지식을 십분 활용하고 혁신적인 분야에서 사람들과 직접 부딪치며 일할 수 있는 직업, 그야말로 안성맞춤인 직업이었다. 하지만 그곳에 이르기까지 제프는 처음에 무엇을 잘못했는지 명료하고 솔직하게 분석해야 했다.

공대에서 요식업계로 옮겨갔다가 다시 뛰쳐나왔던 동생 댄은 어떻게 되었을까? 그도 실수를 통해 자신이 미처 보지 못했던 접점을 찾아냈다.

공대의 교육과정은 그의 창의적이고 독립적인 성격을 만족시키지 못했다. 요식업계에 진출해보니 정작 요리사가 되기에 충분한 재능이 없었다. 그러나 레스토랑의 주방에서 일하는 동안 댄은 자신이 엔지니어처럼 사고한다는 사실을 깨달았다. 주방을 일종의 공장으로 보고 각각의 조리도구와 설비를 생산 과정의 톱니

바퀴로 이해했던 것이다. 어떻게 하면 이 공장의 효율을 높일까? 시간과 에너지는 어떻게 절약일까? 어떻게 하면 안전성을 높이고, 요리사들이 손을 데거나 허리가 아프지 않도록 보호할까?

댄은 잘못된 시작과 꼬부랑길처럼 굽이친 진로 덕분에 어느덧 상당히 드물고 유용한 역량을 갖추게 되었다는 것을 깨달았다. 그는 배선도를 그릴 수 있었고, 열과 소재의 과학을 이해했다. 업소용 스튜 냄비가 얼마나 무거운지, 주방 동선의 배치가 얼마나 중요한지도 잘 알고 있었다.

결국 댄은 식당용 주방 디자인을 전문으로 하는 산업디자이너가 되었다. 자신에게 딱 맞는 자리를 찾기 위해, 댄은 그동안 그만큼의 실패를 거쳤던 것이다.

실수에 관해 말하려면 먼저 내가 저지른 실수 몇 가지에 대해서도 털어놓아야 할 것 같다. 다행히(?) 내게도 골라잡을 실수담은 많다.

고전적인 실수 이야기부터 해보자. 고전적인 실수란 수많은 사람들이 똑같이 저질러온 실수다. 다른 사람들이 같은 실수를 저지르는 것도 여러 번 보아왔다(그리고 보면 2008년의 금융 위기는 이런 실수가 전 세계적으로 반복된 끝에 찾아온 것이었다). 그러나 실제 상황에서는 다른 사람의 실수를 목격한 경험이나 이미 알고 있다고 생각했던 교훈이 별반 도움이 되지 않았다. 그런 사례를 많이 보아왔는데도 똑같은 실수를 저지른 것이다.

사람들은 왜 실수를 저지르는지, 함정이 어디 있는지 훤히 꿰고 있다고 생각하지만 정작 자신이 실수하기 전까지는 진정한 의미에서 그 실수를 이해하지 못하는 법이다.

벤저민 프랭클린이 남긴 유명한 말이 있다.

"경험이라는 학교의 수업료는 비싸지만 바보는 직접 경험하지 않으면 아무것도 배우지 못한다."

프랭클린의 말이 옳다면(내가 어떻게 그의 말에 토를 달겠는가?) 우리 모두는 바보라고 할 수밖에 없다. 아무리 현명한 조언도 결국 조언에 불과하다. 실수를 완전히 막아주는 방호벽이 아닌 것이다.

아무튼 여기서 이야기하려는 실수는 내가 이른바 '대저택 대실수'라고 이름 붙인 사건이다.

때는 1980년대. 광고음악을 작곡하고 마침내 수입도 꽤 괜찮아졌을 즈음이었다. 아내와 결혼하면서 예쁜 딸 쌍둥이도 맞이했다. 나는 남편이고 아버지였으며 그럭저럭 잘나가는 작곡가였다. 왠지 집도 한 채 장만해야 할 것 같았다. 그즈음 우연히도 샌프란시스코의 주택을 살 수 있는 기회가 제 발로 굴러들어왔고, 나는 그 기회를 붙잡았다.

그때까지는 일이 다 잘 풀렸다. 너무 무리하지 않고도 그 집을 살 수 있었고 크기도 우리 가족이 살기에 알맞았다.

문제가 된 것은 그 다음 행보였다.

음악적 지평을 넓혀보고 싶다는 생각에 나는 위스콘신 주 밀워키에 있는 나라다라는 레이블과 계약을 맺었다. 내 음반을 배급하고 마케팅해줄 회사였다. 같은 레이블에 속한 다른 뮤지션들이 내 스튜디오에서 녹음을 하게 되면 프로듀서로서도 한 단계 발전할 수 있을 것 같았다. 게다가 그 계약 건은 어쩐지 멋져 보이는 '책임 프로듀서'라는 직함을 내게 안겨주었다. 게다가 내게는 어디까지나 중서부 출신의 피가 흐르고 있었으므로, 결국 말뚝을 뽑아 밀워키로 이사를 가기로 했다.

그러려면 우선 샌프란시스코의 집을 팔아야 했다. 이 단계에서는 행운이 따라 주었다(적어도 당시에는 그렇게 생각했다). 때마침 샌프란시스코의 집값이 올랐고 별 어려움 없이 상당한 이익을 남기고 집을 팔 수 있었다.

그것은 좋은 소식인 동시에 올가미였다. 결국 중대한 실수로 이어진 일련의 작은 실수의 시작이라고나 할까.

첫 번째로 저지른 실수는 처음으로 부동산을 매매한 결과가 꽤 성공적이었기 때문에 부동산 투자는 누워서 떡 먹기라고 착각한 것이었다.

두 번째 실수는 그저 운이 좋았던 것뿐인데 내가 잘나서 일이 잘 풀린 거라고 믿었던 것이다(그게 사람의 본성이다).

'흠…. 난 부동산 투자에 꽤 소질이 있는 걸?'

밀워키에서 집을 계약할 때에도 같은 실수를 저질렀다. 샌프란시스코와 비교하면 밀워키 도심의 집은 훨씬 저렴했다.

'지금 큰돈을 투자해서 집을 한 채 사두었다가 샌프란시스코에서 그랬던 것처럼 부동산이 오를 때 되팔면 어떨까?'

되돌아보면 머릿속으로 상상의 부동산 붐을 일으킨 거나 다름없었다. 집값은 오르기만 할 거라 생각했고, 집에 무모하게 투자해도 절대 손해 볼 리 없다고 믿었다.

결국 나는 미시건 호숫가의 대저택을 샀다. 샌프란시스코에 있던 집의 다섯 배는 족히 되는 크기였다. 대형 스튜디오에 집을 방문하는 뮤지션들이 머물 작은 별채도 딸려 있었다. 집값은 내가 감당할 수 있는 가격을 훌쩍 넘어선 수준이었다. 유지비만도 엄청났지만 뭐 어떤가 싶었다. 그 집은 분명 진가를 인정받을 터였고, 그동안 내 일도 상승가도를 달릴 테니 아무것도 걱정할 필요 없다고 믿었다.

그러나 겉보기에는 합리적인 듯했던 내 생각은 오판으로 얼룩져 있었다. 어째서 밀워키로 이사 가면 작곡 일에 문제가 생길 수도 있다는 생각을 하지 못했을까? 내 주요 수입원은 광고음악을 작곡하는 일이었다. 그리고 전에 썼듯이 광고음악을 쓰는 작업은 서비스직이다. 이제 샌프란시스코에 있는 기존 고객에게 서비스를 제공하려면 더 열심히 일하고 자주 출장을 가야 했다. 결국 고객 중 일부는 떨어져 나갔다.

근사한 '집에 딸린 스튜디오'를 만든 이유는 나라다 프로덕션 소속 뮤지션들이 당연히 그 스튜디오에서 녹음을 할 테니 그로써 비용을 충당할 수 있을 거라 믿었기 때문이었다. 뮤지션들이 다른 스튜디오에서 녹음하겠다고 나서면 어쩌나 하는 고민은 해보지도 않았다.

책임프로듀서 일은 또 어떤가? 물론 듣기 좋은 직함이었지만 현실에 맞닥뜨리자 내 성향에는 프리랜서 일이 더 잘 맞는다는 사실이 뒤늦게 기억났다. 책상 앞에 앉아 다른 사람들의 문제에 골머리를 썩이기는 싫었다. 게다가 사회생활을 해야 하는 것도 마음에 들지 않았다.

결국 집값은 감당할 수 있는 선을 훨씬 넘어섰고, 일 관련 스트레스는 최악에 달했고, 내가 진정 하고 싶은 일을 할 시간은 오히려 줄어들었다.

왜 내가 스스로에게 이런 짓을 저질렀을까?

어쩌다 일이 이렇게 됐을까?

내가 그런 실수를 저지른 근본적 이유는 이성적 판단과 자기합리화를 혼동했기 때문이었다.

실수를 저지를 때마다 나는 대저택을 구입해야만 하는 이유들을 줄줄이 늘어놓을 수 있었다. 샌프란시스코의 집을 팔면서 돈이 남았다든가 밀워키의 집값은 비교적 싸다는 등 이유는 많았다. 그러나 어느 것도 큰 집을 사야 마땅한 실질적인 이유는 되지 못했다. 그냥 내키는 대로 결정한 다음에 자기합리화가 따라왔던 것이다. 사실은 이랬다. 나는 무엇보다도 중서부로 되돌아가고 싶었다. 게다가 근사한 저택을 보고 한눈에 반했다. 그리고 그냥 큰 집을 살 때가 된 것만 같았다.

어째서 큰 집을 사고 싶었던 걸까? 그 이유는 복잡하고 애매하며 지금에 와서도 정확히 알 수가 없다. 무언가 시답잖은 이유였을 것이다. 큰 집을 갖는 게 어엿한 어른이 되었다는 증거라고 생각했는지도 모른다. 내가 음악 분야에서 성공했다는 것을 만천하에 보여줄 거대한 트로피가 필요했을 수도 있다.

동기가 무엇이었는지는 모르지만 중요한 사실은 단 하나다. 나는 논리적 판단과는 동떨어진 욕구와 압박에 휘둘리면서도 이성적으로 행동하고 있다며 스스로를 속였던 것이다.

큰 실수는 그렇게 일어나는 법이다.

내 실수가 세상 물정을 몰라 벌인 짓이었을까? 그렇다.

피할 수 있는 것이었을까? 어쩌면 그랬을지도 모른다.

수년이 지난 지금, 아직도 그 실수 때문에 창피한가? 절대 그렇지 않다.

이로써 한 바퀴 빙 돌아 내가 진정 하려던 이야기로 돌아온 것 같다. 실수는 불가피한 것이니만큼 실수를 받아들이고 나 자신을 용서한 다음 앞으로 나아가는 것이 바람직하다. 실수 때문에 불편한 일이 생기거나 시간과 돈이 들지는 몰라도, 실수 자체가 부끄러운 일은 아니다. 모든 실수는 배움의 기회다. 우리가 지나왔고, 지나가고 있으며, 앞으로 지나갈 길에 놓인 이정표다.

혼자 뒤떨어지거나 헤어 나올 수 없는 함정에 빠질까 봐 스스로에게 실수할 틈을 주지 않는다면 배움의 기회를 거부하는 것이나 마찬가지다. 더 심각한 경우로, 실수를 저지르고도 고집, 불안감, 게으름 때문에 그 사실을 인정하지 않는다면 그 실수에 비추어 더 나은 방향으로 나아갈 기회를 놓치게 되는 셈이다. 더 나은 사람이 될 기회를 잃어버리는 것이다.

삶의 진실하고 근본적인 사실을 간단하게 표현하려고 할 때마다 마주하게 되는 역설적인 구절이 있다. 우리는 어제와 같은 사람이기도 하고 그렇지 않기도 하다.

물론 나는 어제에서 오늘, 오늘에서 내일로 이어지는 연속적 존재다. 그래서 매일 아침 거울을 들여다볼 때면 거울에 비친 내 얼굴을 알아보고 나를 미소 짓게 하는 일들을 기억하며 성실하고 안정적인 인간관계를 유지해나간다.

그러나 동시에 내가 매일 변해가고 발전하며 진화한다는 것 또한 사실이다. 사람은 자신의 이성과 내면, 그리고 세상에 관해 매일 조금씩 더 알아간다. 실수를 저지르고 진로를 수정하는 것은 인간의 진화의 핵심이다. 그러므로 현재 자신의 모습에 만족하려면 바보처럼 실수를 저지르던 과거의 모습도 진솔하게 받아들여야 한다.

예컨대 '대저택 대실수'를 돌이켜볼 때마다 나는 일련의 의사결정 과정이 잘못되었고, 멋진 집을 갖고 싶다는 충동 때문에 진정한 가치를 간과했다는 것을 기억한다. 그 실수를 지울 수는 없지만 지금의 나는 마치 다른 사람, 나보다 더 어린 어떤 친구가 그때의 실수를 저지른 것처럼 당시 일어난 일들을 객관적으로 바라볼 수 있다. 당시 내가 얼마나 물정을 몰랐는지 생각하며 얼굴을 붉히는 대신 그 일을 통해 교훈을 얻었고 그 이후 생각의 폭이 넓어졌다는 데 만족한다.

내가 아무런 실수도 하지 않을 만큼 성장했다고 말하려는 것은 아니다. 요즘도 꽤 많은 실수를 저지른다. 지금 '대저택 대실수'를 돌이켜보듯 나중에 돌아보며 머리를 긁적일 법한 실수들이다. 앞으로도 '피터, 대체 무슨 생각이었던 거야!'라며 자책할 실수들을 여럿 저지르게 될 것이다.

그런 의문에 직면하면 마음이 불편할 수도 있다. 그러나 그 의문에 대한 진솔한 답을 찾고자 노력하는 것은 분명 해볼 만한 가치가 있는 일이다.

9장

진정 원하는 것이
무엇인지 고민하라

"소원을 빌 때는 신중해야 한다. 자칫 그대로 이루어져 버릴 수도 있으니까."

인간 본성의 핵심을 찌르는 이 중국 속담에는 동서고금을 막론하고 통용될 중요한 지혜가 담겨 있다.

그리스 신화의 미다스 왕 이야기를 생각해보자. 금에 집착한 미다스 왕은 더욱 많은 황금을 얻게 해달라고 빌었다. 점점 욕심이 커진 그는 결국 모든 것을 금으로 변하게 만드는 힘을 달라고 빌었다. 그의 경솔하고 위험한 소원은 이루어졌고, 왕은 유명한 '미다스의 손'을 갖게 되었다. 잠시 동안 왕은 새로 얻은 힘과 무한한 부를 두고 기뻐 날뛰었다. 손을 갖다 댄 순간, 사랑스럽고 미소 짓던 딸이 생명 없는 황금 조각상으로 변해버리기 전까지는.

수천 년이 지난 지금도 미다스 왕의 이야기는 마음을 때리는 힘이 있다. 왜일까? 두 가지 이유를 꼽을 수 있겠다. 첫째, 이 이야기는 심각하고 때로 비극적이기까지 한 삶의 아이러니를 완벽하게 보여준다. 바라마지않던 선물이 오히려 무거운 짐이 되고, 소원이 성취되면서 오히려 재앙을 불러왔다는 아이러니 말이다. 이런 아이러니는 우연히 일어난 것이 아니라 미다스 왕이 자초한 것이었다. 미다스 왕의 전설은 신의 분노가 아니라 인간의 본성을 다룬 이야기이다. 왕의 아이러니는 내면에서 생겨났다. 왕은 '있으면 행복해질 거라 여겨지는 것'과 실제 '삶에서 중요한 것'을 근본적으로 혼동했던 것이다.

미다스 왕의 이야기에 시간을 뛰어넘는 설득력이 있는 두 번째 이유는 부유한 부모가 맞닥뜨리는 위험을 효과적인 은유를 통해 보여주기 때문이다. 부모가 돈 버는 것을 최우선으로 생각한다면 아이들은 어떻게 될까? 은유적으로 볼 때, 그 아이들은 금 조각상으로 변해버리는 것과 마찬가지가 아닐까?

두 번째 이유는 나중에 다시 고민해보기로 하고, 지금은 소원이 이루어지는 동시에 미처 예측하지 못한 결과가 따라온 다른 사례를 살펴보자.

●●

유명 잡지사에서 오랫동안 행복하게 직장생활을 해온 남자가 있었다. 그는 전화를 받고 커피를 타는 사환으로 처음 입사해서 일의 기초를 배우기 시작했다. 그리고 20년간 승진의 사다리를 한 단씩 올라갔다. 깜짝 승진을 하거나 혜성처럼 출세한 것이 아니라, 점차 관련 지식을 쌓고 업계 동료들 사이에서 인맥을 넓히면서 느리지만 안정적으로 승진한 것이었다. 마침내 그는 편집장에 이어 두 번째로 높은 자리인 편집주간 자리로 올라섰다.

편집주간 일은 마침 그 남자에게 딱 맞았다. 에디터를 고르고 기사를 배정할 권한이 주어졌다. 실질적으로 편집에 참여해서 기사를 구체화하고 손볼 시간도 있었다. 그가 정말 훌륭하게 해낼 수 있는 일이었다. 그리고 무엇보다도 그는 그 업무를 무척 좋아했다.

한편 편집주간보다 위인 편집장 자리는 전혀 다른 성격의 업무를 보고 다른 문제를 해결해야 하는 자리였다. 예산을 세우고 모회사와의 사내정치 속에서 처세도 잘해야 했다. 편집장은 잡지의 공적 얼굴이나 마찬가지였으므로 접대와 공식 석상에 얼굴을 비추는 데 많은 시간을 할애해야 했다. 대부분의 잡지사가 그렇듯 편집장이 실제로 편집에 관여할 시간은 거의 없었다.

"저는 이인자의 자리가 좋았습니다. 사무실에서 차분히 앉아 원고를 읽는 게 좋았죠. 세상 사람들과 나 사이에 그런 보호막이 있다는 게 좋았어요."

그러다 편집장이 은퇴하기로 마음먹었다. 지금까지 행복하게 지내던 이인자는 이제 최고의 자리를 바라기 시작했다. 어째서일까?

"편집장으로 승진하면 연봉도 꽤 인상될 터였죠. 하지만 돈이 중요한 게 아니었습니다. 그보다 자존심이 걸린 문제였다고 할까요. 평생을 일에 바쳤는데, 드디어 내 이름이 발행인 란 맨 위에 큰 활자로 박혀 있는 것을 보고 싶었습니다. 그리고 승진을 하지 못하면 어떤 기분이 들까 싶었어요. 자존심이 상했을 겁니다. 승진에서 밀려나면 공공연한 망신거리가 되었겠죠. 적어도 업계 사람들 사이에서는 말입니다."

그가 느꼈을 감정은 충분히 이해할 수 있다. 그러나 안타깝게도 그런 이유는 잡지의 편집장 노릇을 하면서 겪을 매일의 현실과는 아무 상관도 없었다. 그래서 그는 실질적으로 자신을 불행하게 만들 일이 일어나기를 오매불망하는, 비논리적이지만 너무나 인간적인 위치에 스스로를 몰아넣었다.

어찌 되었든 바람은 이루어졌다. 승진했고 연봉도 올랐으며 전망 좋은 사무실을 갖게 되었다. 더불어 불면증과 위통이 찾아왔다. 그는 결국 스트레스와 좌절감으로 얼룩진 2년을 보낸 후 사임했다.

이 이야기가 더 행복한 결말을 맞을 수 있었을까? 물론 이론상으로는 그렇다. 그가 편집장 자리를 향한 경주에서 발을 빼고 자신의 선택에 따라 이인자 자리에 머무르겠다고 입장을 밝힐 수도 있었다. 그러나 그럴 수 있는 사람이 과연 몇이나 될까?

다시금 말하지만 '진정 원하는 것'과 '원한다고 생각하는 것'을 혼동하는 것은 인간 본성의 일부인 것 같다. 거기에 승진, 연봉 인상, 사회적 지위가 보장되는 선택을 하는 것이 당연하다는 사회적 압박까지 더해지면 그릇된 소원을 빌지 않고 스스로의 행복에 초점을 맞춘 결정을 내리기란 거의 불가능에 가까워진다.

사회는 내가 원하건 말건 큰 성공의 기회를 붙들라며 부추긴다. 그리고 사회의 유혹과 압박에 저항할 수 있는 사람은 드물다.

루이스 레프코비츠라는 이름을 기억할 사람이 얼마나 될지 모르겠다. 레프코비츠는 1960~1970년대, 십여 년간 뉴욕 주의 법무장관으로 근무했던 인물이다. 흠잡을 데 없이 성실했던 그는 주지사가 민주당 출신이건 공화당 출신이건 상관없이 성공적으로 활약했다. 공직에 있는 동안 반대파가 생기거나 비판적 여론이 일어난 적도 없었다. 그러던 중, 레프코비츠는 장차 주지사 출마를 준비하는 의미에서 부지사가 되어달라는 청을 받았다. 그가 주지사 선거에 출마한다면 압승할 거라고 모두들 입을 모았다.

그러나 레프코비츠는 일언지하에 거절했다. 이미 자신에게 잘 맞고 진정 좋아하는 일을 하고 있었던 것이다. 그는 어깨를 으쓱하고는 기자들에게 말했다. "왜 진정 원하지도 않는 일을 맡겠습니까? 굳이 불행한 길을 택할 이유가 어디 있겠습니까?"

레프코비츠의 현명하고 진솔한 대처는 신선하게 느껴질 만치 보기 드문 일이었다. 〈뉴욕타임스〉는 그의 말을 1면 첫머리에 '오늘의 명언'으로 싣기까지 했다.

레프코비츠 같은 선택을 하는 사람은 왜 그리 드문 것일까? 사람은 제각각의 분야에서 사다리의 더 높은 단에 발을 올릴지 말지 선택해야 한다. 그리고 대부분은 계속해서 '그다음 소원'을 바란다.

그러나 진정 행복한 사람, 자신의 삶과 가장 일치되어 있는 사람은 어쩌면 이미 소원이 이루어졌다는 사실을 깨닫고 이루어진 소원을 소중히 여기며 마음껏 누리는 사람일지도 모른다.

성취의 비결은 두 배의 실패

소원을 비는 데 따르는 위험은 각양각색이다.

그중 하나는 소원을 비는 일 자체가 마치 소원을 위한 준비를 갖추는 것처럼 느껴질 수 있다는 데 있다. 열심히 소원을 빌려면 많은 에너지와 집중력이 필요한 만큼, 소원을 비는 것과 소원이 이루어졌을 때를 위해 준비를 갖추는 것이 서로 같다고 착각하는 것도 어찌 보면 당연하다.

그러나 두 가지는 전혀 다르다.

소원을 비는 것은 준비를 갖추는 것이 아니다. 개인적으로 두 개념을 혼동하는 바람에 일에서 큰 실수를 저지른 경험이 있기 때문에 자신 있게 단언할 수 있다.

배경 설명을 조금 해야겠다. 샌프란시스코를 떠나 밀워키로 이사한 이유 중 하나가 내 음악적 지평을 넓히고 싶었기 때문이었다고 앞에서 밝힌 바 있다. 광고음악을 작곡하는 일은 여전히 재미있었고 그 덕에 들어오는 수입도 괜찮은 편이었다. 그러나 나는 광고음악의 형식적 한계에 부딪혀 안달이 난 상태였다. 내 음악적 아이디어를 표현하려면 30초로는 아무래도 부족했던 것이다. 게다가 좀 더 나이를 먹고 프로 뮤지션으로 데뷔했다는 기쁨이 차츰 바래면서 '내 음악은 무엇을 위한 음악인가'라는 고민에 시달리게 되었다. 내 음악은 그저 상품을 파는 데 도움이 되기 위한 것인가? 내가 작곡한 음악이 무언가 좀 더 큰 목적에 이바지할 수는 없을까? 그때까지 느꼈던 것보다 훨씬 큰 의미와 보람을 안겨줄 더 높은 차원의 지향점이 있는 게 아닐까?

이런 의문이 불을 댕긴 데다 안달하는 마음이 부채질해대는 통에 나는 소원 하나를 품게 되었다. 언젠가는 영화음악을 작곡할 기회가 생겼으면 했다.

영화음악을 할 수 있는 능력이 전혀 없었던 것은 아니지만 아무래도 주제넘은 소원이었다. 광고음악을 작곡하면서 나는 음악과 영상을 짜 맞추는 기술을 배웠다. 규모는 작았지만 이미 스토리를 진전시키기 위해 음악을 활용하고 있었다. 물론 30초짜리 광고에서 2시간짜리 장편영화로 건너뛰는 것은 큰 도약이었지만 문제 될 것은 없었다. 미지의 세계로 뛰어드는 것이야말로 내가 바라마지 않던 일이었기 때문이다.

문제는 어떻게 소원을 현실로 이룰 것인가였다.

통념상 영화업계에서 일하려면 어떻게 해서든 로스앤젤레스로 옮겨가야 했다. 할리우드야말로 인맥을 쌓을 수 있고 계약이 성사되는 곳이었다. 영화계에 진출하고 싶으면 미팅과 파티에 쫓아다녀야 했다. 사람들을 만나고 수다를 떨어야 했다. 시차가 두 시간이나 날 만큼 멀리 떨어진 곳에 살던 내가 그런 자리에 매번 갈 수 있을 리 없었다.

그러나 내게는 아버지에게 배운 교훈 하나가 있었다. 교훈이라기에는 뭐하고 단순히 가족이라서 기질이 닮은 건지도 모르겠다. (비교적 탈중심화가 진행된 요즘도 상황은 비슷하지만) 아버지가 버크셔 해서웨이를 세웠을 당시, 금융계의 유일무이한 중심지는 뉴욕이었다. 금융 관련 일을 하고 싶다면 월가로 가는 것이 유일한 선택지였다.

하지만 아버지의 생각은 달랐다. 직감적으로 집단적 사고는 위험하다고 느꼈던 것 같다. 지나치게 많은 사람이 같은 장소에서 같은 목표를 좇게 되면 결과적으로 여러 생각이 한데 뒤섞이고 떼거리식 사고를 하게 될 수밖에 없었다. 쓸모 있는 생각보다 그럴싸한 전문 용어를 읊는 것이 더 중요해지고, 뭐가 뭔지 아는 것보다 누가 누군지 아는 것이 더 중요해지는 것이다. 사람이 나면 서울로 보내라는 말도 있지만 기껏 서울에 가면 대중 속의 한 사람이 되어 버릴 수 있는 것과 마찬가지다. 그래서 아버지는 오마하에 남아 자신의 생각과 방법을 믿고 자신의 방식대로 일을 처리했다.

나도 그와 비슷한 고민을 거쳐 결국 로스앤젤레스가 아니라 밀워키로 가기로 결정했다. 나는 나만의 사운드를 만들고, 내 스타일을 확립하고 싶었다. 그러나 다른 사람들과 똑같은 일거리를 좇아 동분서주해야 한다면 최근 성공적이었던 사운드트랙을 따라 하거나 이번 달 유행하는 스타일에 맞추어 곡을 쓸 수밖에 없을 터였다.

영화계의 현실로부터 등을 돌리고 있었던 것은 아니었다. 고집스럽고 끈기 있는 중서부 출신답게 나만의 방법으로 미로를 빠져나와 영화계에 입성할 길을 찾아보려 했다.

내가 배운 것 중 하나는 거의 모든 영화에서는 음악을 제작 과정 맨 마지막에 입힌다는 점이었다. 음악은 영상을 찍고 영화를 편집한 다음에야 더빙되었다. 그래도 감독이 최종 사운드트랙이 어떨지 대충이라도 알아두는 편이 도움이 되기 때문에 편집자는 영화를 편집할 때 소위 '임시 배경음악'을 종종 사용하곤 했다. 우선 어울릴 듯한 음악을 찾아내서 시험 삼아 사용하고, 감독이 그 음악을 마음에 들어 하면 그 곡을 작곡한 사람이 일감을 따낼 때 유리한 입장에 서게 되는 것이었다.

그러므로 우선 음반을 내서 영화 관계자들에게 돌리는 것이 급선무였다. 나는 대체적으로 뉴에이지 형식의 곡을 썼는데, 다행히도 때마침 뉴에이지 음악이 인기를 끌고 있었다. 첫 앨범 〈The Waiting〉은 1987년에 나라다 레이블에서 출시되었다. 자랑스럽게도 그 음반은 평단의 호평을 받았고 시장에서도 어느 정도 성공을 거두었다. 그 음반에 실린 곡이 운 좋게 영화편집자와 감독의 귀에 흘러들어가기를 바랄 뿐이었다.

〈The Waiting〉이라는 음반 제목은 당시의 상황에 딱 들어맞았다. 그 음반을 출시한 뒤, 나는 기다렸다. 그리고 더 기다렸다(빨리 결과를 본 일은 하나도 없었다는 사실을 강조해두고 싶다).

기다리는 동안 2집을 구상하기 시작했다. 물론 상대적으로 보아 그런 거겠지만 2집을 준비하는 과정은 데뷔 앨범을 낼 때보다 더 어려웠다. 1집은 데뷔 전까지 서랍에 처박아두었던 아이디어 조각, 좀 더 가다듬어보려고 모아둔 곡조와 모티브들을 몽땅 활용해 만든 것이었다. 그러나 2집에는 새로운 영감이 필요했다. 게다가 힘들고 기운 없었던 그 시기에는 영감이 떠오를 만한 구석도 없었다.

그러던 와중에 가까운 친구가 책을 선물했다. 이반 S. 코넬Evan S.

Connell의 《샛별의 아들Son of the Morning Star》(미국정부의 원주민 토벌작전을 다룬 작품으로 〈풍운아 카스터〉라는 제목으로 영화화되기도 했다)이라는 책이었는데, 보자마자 완전히 빠져들어 버렸다. 책의 줄거리는 19세기 말 북미 대초원을 누비던 평원 인디언의 역사를 아우르고 있었다. 미국 정부의 강요에 의한 서부로의 끝없는 이동, 어떤 대가를 감수하고라도 영토를 확장하려 했던 정부의 정책과 배신, 잔학행위가 낱낱이 담겨 있었다. 책을 읽으면서 내 마음은 감동과 동시에 분노로 가득 찼다. 마음 한구석이 불편했고 놀랍게도 사적인 상실감조차 느껴졌다. 오랜 세월 지켜온 문화를 잃어버린 것은 북미원주민에 국한된 이야기가 아니었다. 원주민 전통이 유린되고 옛 지혜가 뿔뿔이 흩어지고 공정한 평가를 받지 못하면서 우리 모두는 무언가를 잃어버렸던 것이다.

《샛별의 아들》을 읽고 받은 강렬한 감동은 자연스레 음악 작업에 녹아들었다. 북미원주민 풍의 음악을 쓴 것은 아니었다. 그보다는 내 방식대로 원주민의 전통을 이해하려 노력하고 몰락해버린 것이나 다름없는 그들의 문화를 향한 경의와 향수를 표현하고자 했다. 이 감정을 바탕으로 2집 〈One By One〉을 완성할 수 있었다.

두 번째 앨범을 출시하고 나서, 그리고 영화음악을 써보겠다는 소원을 품은 지 무려 4년 만에, 나는 케빈 코스트너가 19세기 평원 인디언의 삶에 기반을 둔 영화를 제작한다는 소식을 들었다. 이건 분명 행운이었다. 내 앨범은 바로 오디션에 내도 될 만큼 영화의 메시지와 딱 들어맞았다.

스탠퍼드대 시절에 쌓았던 보잘것없는 인맥을 통해 음반을 코스트너에게 전할 수 있었다. 코스트너는 음반을 아주 마음에 들어 했고 내게 영화음악을 작곡해달라고 부탁했다. 그리고 그렇게, 나의 오랜 소원은 거의 이루어지는 듯했다.

과연 그랬을까?

작은 문제가 하나 있었다.

바로 내가 영화음악을 쓸 줄 모른다는 것이었다.

돌이켜보면 정말 어이없는 일이지만 사실이었다. 겸손을 잠시 접어두고 솔직히 이야기하자면 내가 영화음악계에 진출하게 된 과정은 상당히 성공적이었다. 과정은 나무랄 데 없었다. 그런데 나는 어찌 된 일인지 가장 기본적인 조건을 간과했다. 소원이 이루어지기를 바라느라 바쁘고, 백일몽을 꾸느라 집중력이 흐트러지고, 변명하려는 것은 아니지만 당시 다른 작업을 여럿 하느라 분주한 나머지, 실제 영화음악 작곡 테크닉을 배우는 힘겨운 과정을 밟지 않았던 것이다. 소원이 이루어지는 과정 어딘가에서, 나는 소원을 품는 것만으로도 기회를 잡을 준비를 마칠 수 있을 것 같은 생각의 함정에 빠졌다. 혹은 소원이 이루어지는 변화의 시점에 기적처럼 완벽한 멘토가 나타나줄 거라 믿었는지도 모르겠다. 스튜디오에서 나를 진흙 속의 진주라 여기고 모습 그대로를 받아들일 거라 착각했던 것일 수도 있다.

당연한 일이지만 상황은 그렇게 굴러가지 않았다.

나는 뒤늦게 따라잡으려는 노력을 시작했다. 관현악에 경험이 많은 작곡가들과 의논했다. 영화제작의 기술적 측면을 벼락치기로 공부했다. 그러나 마음속 깊은 곳에서는 내가 아직 완전히 준비가 되지 않았다는 것을 알고 있었고, 자신감 부족이 겉으로 드러나 보였다. 나도 모르는 사이에 '난 아직 준비가 덜 됐습니다'라는 메시지를 보내고 있었던 것이다.

다른 상황이었다면 나는 뭐든 빨리 배우는 사람이니 한번 믿어봐도 좋다고 스튜디오를 설득했을 것이다. 그러나 그때는 (항상 그렇듯이) 복잡한 사정이 뒤섞여 있었다. 케빈 코스트너는 널리 알려진 배우였지만 감독을 맡은 것은 처음이었고 그 점만으로도 관계자들의 걱정이 끊이지 않았다. 코스트너가 기획한 영화인 〈늑대와 춤을〉은 길고 제작비가 많이 드는 데다 완전히 자유로운 형식의 작품이었으므로 그 점을 염려하는 이도 많았다. 설상가상으로 능력이 검증되지 않은 작곡가까지 끼어들게 되면 걱정거리가 너무 많아지는 셈이었다.

그래서 나는 결국 그 일을 놓쳐버렸다. 그리고 교훈 하나, 아니 두 개를 배웠다.

첫 번째는 '행운의 기회'에 관한 교훈이었다. 행운의 기회가 찾아온다는 것은 문제가 갑자기 해결된다는 의미가 아니다. 그보다는 어려운 과제에 도전해볼 기회가 주어지는 경우가 더 많다. 그렇기 때문에 기회를 붙들 준비를 미리 갖추어두고, 스스로가 그 행운의 기회에 걸맞은 사람임을 증명해보여야 한다.

이 대목에서 두 번째 교훈, 바로 준비에 관한 교훈이 등장한다. 내가 과연 〈늑대와 춤을〉에 그럭저럭 어울릴 만한 곡을 작곡할 수 있었을까? 솔직히 말해 그럴 수 있었으리라 생각한다. 하지만 그러려면 벼락치기 공부를 꽤 해야 했을 텐데, 그것으로는 부족했다. 내 생각이지만 무언가를 간신히 해낼 수 있는 상태와 진정 준비를 갖춘 상태 사이에는 미묘한 차이가 있다. 만반의 준비를 갖추려면 상당한 사전 작업이 필요하다. 일어날 법한 문제, 숨겨져 있을지 모를 함정에 대해서도 숙고해보아야 한다. 이렇게 미리 여러 측면을 고려해보면서 비로소 일의 윤곽을 뚜렷하게 그릴 수 있다. 그리고 일의 윤곽을 제대로 파악하고 나면 비로소 주어진 과제를 잘해낼 준비가 갖추어졌다는 것을 나 자신과 고용주에게 납득시킬 수 있다. 그만큼 준비를 갖추어야만 진정한 자신감이 생기는 것이다.

〈늑대와 춤을〉 전반에 걸친 음악을 쓸 기회는 놓쳤지만 완전한 실패는 아니었다. 코스트너가 〈불의 춤〉이라는 2분짜리 곡을 써달라고 했던 것이다. 2분에 불과한 곡이었지만 상당히 흥미로운 작업이었고 영화의 주제를 표현할 기회였다. 나는 주어진 2분 동안 줄거리의 본질을 잡아내고 압축하려 노력했다. 관객의 눈앞에서 다시 태어난 한 남자의 신비로움과 흥분을 담아내고자 했다. 내가 작곡한 곡과 멋진 영상, 코스트너가 빚어낸 신비롭고 강렬한 느낌이 맞물려 완성된 그 장면은 정말이지 압권이었다.

당시 〈불의 춤〉을 작곡하게 된 것은 내겐 처음으로 영화음악 제작에 참여한다는 것 이상의 큰 의미가 있었다. 내가 실제로 효과적인 영화음악을 쓸 수 있다는 사실을 증명해보인 기회였던 것이다. 당시의 내 기량을 생각해보면 영화 전반에 걸친 음악을 기획하는 막중한 책임을 지기보다 일부 장면의 음악만 작곡하는 편이 더 적합했을 것이다. 어찌 되었든 나는 영화음악을 써보고 싶다는 소원을 이루었고, 이야기는 행복한 결말을 맞았다.

그러나 나는 〈불의 춤〉에 관해서도 두어 가지 실수를 더 저질렀다. 이번에도 준비 부족이 문제였다. 나는 업계의 현실을 잘 몰랐고 충분한 테크닉도 갖추지 못했던 것이다.

비관론자의 예상을 뒤엎고 〈늑대와 춤을〉은 평단의 극찬을 받았으며 상업적으로도 대성공을 거두었다. 영화가 성공하자 곧 사운드트랙 앨범이 출시되었다. 그러나 배경음악 전반을 작곡했던 존 배리는 내 곡을 사운드트랙에 넣으려 하지 않았다. 배리의 관점에서 볼 때 그 앨범은 자기 작품이었다. 그것으로 끝이었다. 달갑지는 않았지만 나는 그의 의견을 받아들였다.

돌이켜보면 그건 실수였다. 목소리를 높이고 발을 동동 구르는 것이 내 방식이 아니기는 했지만 프로답고 적절한 방법으로 스스로의 권익을 지키기 위해 싸울 수도 있는 법인데 당시 나는 그렇게 하지 못했다. 그 대가는 현실적이었다. 내 곡을 제대로 홍보할 기회를 놓쳤던 것이다. 당시 나는 때로 동료끼리도 영역 싸움을 해야 하는 가혹한 현실을 받아들일 준비가 되어 있지 않았다. 사운드트랙에 내 곡을 끼워 넣겠다고 싸우지 않는 편이 낫다고 생각했지만 사실 프로로서의 권리를 스스로 포기한 것이나 다름없었다. 작품을 최대한 세상에 알리기보다 동료와의 마찰을 피하는 편을 택했으니까.

또 하나의 실수는 사업상 마찰이 아니라 내 테크닉의 문제였다. 〈불의 춤〉이 영화 사운드트랙 앨범에 들어가지 않았기 때문에 나는 그 곡을 3집 〈Lost Frontier〉에 수록할 수 있었다. 거기까지는 좋았다. 라디오의 음악 채널에서 곡이 흘러나왔다. 〈늑대와 춤을〉이 성공하면서 북미원주민 문화의 영향을 받은 음악에 관심을 갖는 사람들이 많아졌던 것이다. 그러나 〈불의 춤〉에는 근본적인 문제가 있었다. 〈불의 춤〉은 2분짜리 곡이었고, 그렇게 짧은 곡은 라디오에서 잘 틀지 않는다.

〈불의 춤〉을 3~4분짜리 곡으로 늘여야 했다. 그러나 나는 그렇게 하지 않았다. 왜 그랬을까? 음악적 순수주의자인 척하면서 곡의 성격상 3분이 아니라 2분 길이가 어울린다고 둘러댈 수도 있을 것이다. 하지만 솔직히 말해야겠다(그런 예술적 고집은 대개 쓸모가 없는 데다 기술적 한계를 감추는 핑계로 쓰이기도 하니까). 라디오 방송에 적합하게 곡을 늘이지 않았던 솔직한 이유는 당시 곡을 늘일 방법을 몰랐기 때문이다. 어떻게 해야 되는지 전혀 몰랐다.

여기서도 능력이 있는 것과 준비를 갖춘 것 간의 차이가 드러난다. 〈불의 춤〉을 쓸 기회가 왔을 때 적절한 준비를 갖추고 있었다면 곡이 성공할 가능성을 예측하고 어떤 일들을 해야 할지 떠올려볼 수 있었을 것이다. 필요에 따라 곡을 연장하거나 다른 형태로 변형해야 할 가능성을 염두에 두었을 테고, 곡을 더 잘 활용할 수 있었을 것이다. 그러나 내 소원은 내 음악을 장편 영화에 넣는 데 그쳤다. 그리고 나는 그 소원 너머를 미처 넘겨다보지 못했다.

이야기를 하다 보니 소원에 따르는 또 한 가지 위험이 드러나는 것 같다.

사람들은 소원이 성취되는 순간을 클라이맥스, 일련의 과정의 '끝맺음'으로 생각하곤 한다. 그렇지만 소원이 이루어지는 것은 끝이 아니라 오히려 새로운 여정의 시작이다. 일단 이루어진 소원이 나를 이끌어갈 곳이 어디인지 알아가는 과정은 한층 흥분되고 보람찬 여정이다.

험한 언덕길일수록 천천히 올라가기

지금까지 소원이 이루어졌을 때 빠질 수 있는 함정에 관해 생각해보았다. 그런데 반대로 소원이 이루어지지 않을 경우에는 어떤 일이 일어날까?

삶은 공평하지 않지만 종종 놀라운 대칭을 보여주는 경우가 간혹 있는데, 이런 경우가 그에 해당되는 것 같다. 미다스 왕의 이야기처럼 소원 성취가 거꾸로 저주가 되어 돌아올 때가 있듯이, 반대로 소원은 이루어지지 않았지만 그 이면에 미처 몰랐던 축복이 숨겨져 있는 경우도 있다.

두 경우 모두 똑같은 메커니즘이 적용된다. '원한다고 생각하는 것'과 '진정 원하는 것'을 혼동하는 메커니즘이다. 소원이 이루어지지 않아서 자신이 원한다고 생각하는 것을 얻지 못할 때, 비로소 사람들은 더 멀리 보고 진정 원하는 것, 나를 행복하게 해주는 것이 무엇인가에 관해 더 골똘히, 깊이 생각하게 된다. 가끔은 성취되지 않은 소원이 해방구를 열어줄 수도 있다.

● ●

개인적으로 아는 사이인 변호사 집안 출신의 젊은 여성이 있다. 뚜렷한 목표를 갖고 나아가는 열성적인 학생이었던 그녀는 학부

과정을 성공적으로 마치고 동부의 유명 로스쿨 입학허가를 받았다. 로스쿨 입학 전의 여름을 최대한 활용하고 싶었던 그녀는 뉴욕의 유명 기업 전문 로펌 인턴십에 지원했다.

로펌 인턴십으로 커리어를 시작하는 것이 좋겠다고 생각한 것도 당연했다. 그녀의 언니도 똑같은 진로를 택했기 때문이다. 무급 인턴에서 유급 인턴으로, 정직원에서 지분과 실적 배당을 받는 간부로 승진가도를 걸었던 것이다. 언니의 경우에 비추어보더라도 여름에 로펌에서 인턴을 하면서 커리어의 첫 단추를 채우길 바라는 것은 당연한 소원이었다.

그러나 그녀는 인턴십을 따내지 못했다. 그녀의 잘못은 아니었다. 학업성적도 언니만큼 뛰어났고 면접에서도 잘해냈으리라고 나는 확신한다. 변한 것은 세상이었다. 경기가 악화되면서 로펌의 수도 줄었고, 일감이 적어지자 인턴도 그다지 많이 뽑지 않게 되었다. 당근처럼 눈앞에 흔들어보일 정직원 자리도 훨씬 줄어들었다. 삶이란 정말이지 공평하지 않다는 것을 잘 보여주는 예다.

소원이 이루어지지 않자 그 여성은 좌절감에 빠지고 화가 났으며 잠시 방황했다. 이루어지지 않은 소원은 어찌 보면 일종의 작은 죽음과 같다. 무언가를 놓아 보내고 포기해야 하기 때문이다. 그리고 포기는 어느 정도의 슬픔과 마음의 정리 없이는 쉽사리 이루어지지 않는다.

그러나 여름을 어떻게 보낼 것인가 하는 문제는 여전히 남아 있었고 로스쿨 입학 전의 중요한 시기를 허송세월하며 보낼 수도 없었다. 그녀는 결국 롱아일랜드의 대규모 비영리 환경단체에서 쥐꼬리만한 급여를 받고 인턴으로 일하기로 했다.

"불만으로 가득 찬 상태에서 인턴 일을 시작했던 기억이 나네요. 원래 바라던 것과 천지차이인 차선책에 안주한 것 같은 기분이 들었죠. 사무실 일은 단조로웠어요. 제 마음가짐도 문제였죠. 일에 흥미를 느끼고 싶지도 않았거든요."

그러던 중 변화의 계기가 찾아왔다. 그녀의 선배들은 단체가 보호하려고 애쓰던 습지대나 대서양 연안의 소나무가 난 불모지 등 위험한 환경에 처한 지대를 주기적으로 돌아보았다. 그리고 어느 날 그녀도 동행하게 되었다.

"놀라운 경험이었어요. 진흙이 잔뜩 묻은 장화를 신고 야외에 나가 있는 것 자체가 너무나 행복했죠. 에너지가 넘치는 것 같았고 우리에서 나온 원숭이라도 된 것처럼 주변의 모든 게 호기심을 자극했어요. 카키 반바지를 입고 밝은 햇볕 아래 일할 수 있는데 굳이 로펌의 형광등 아래서 정장과 스타킹 차림으로 일하면서 인생을 보내고 싶은가에 대해 진지하게 고민하게 되었답니다."

그래서 그 여성은 어떻게 하기로 했을까? 아직 이야기는 끝나지 않았다. 계획한 대로 로스쿨에 들어갔지만 기업이 아닌 환경문제 쪽에 초점을 맞추기로 결심했다고 한다. 법조계에 머물면서 현장 업무를 보아야 하는 비영리단체 관련 일을 하거나, 어쩌면 법 공부 자체를 그만두고 자연과학 분야로 나아갈지도 모른다고 했다. 앞으로 어떤 선택을 할지 기대된다.

그러나 그녀의 최종 결정이 어느 쪽으로 흘러가든 간에 요점은 하나다. 첫 번째 소원이 좌절되면서 비로소 진로를 바꿀 계기가 생겨났다는 것이다. 소원이 이루어지지 않은 덕분에 그녀는 주어진 선택지를 다시 살펴보고 자신에게 더욱 어울리는 삶을 발견할 수 있었다. 첫 번째 소원이 이루어졌더라면 스스로 잘 맞는다고 믿었던 애초의 진로에서 벗어날 이유가 없었을 것이다.

소원은 간절히 바라는 목적지를 향해 나를 인도해준다. 그리고 내 시선을 특정 목적과 정확한 목표에 쏠리게 만든다. 그것도 나쁘지 않다. 목표를 설정하고 그것을 성취함으로써 자긍심과 기쁨이 생겨나게 마련이니까.

그러나 거기에는 위험도 따른다. 정확하고 좁은 목표를 갖게 되면 삶이 다양한 분야에 걸쳐 제공하는 무한한 선택지를 접하지 못할 수도 있다. 목표에 가닿지 못했을 때, 소원이 이루어지지 않았을 때야말로 우리는 눈을 비비고 한 번 더 넓은 세상을 바라볼 기회를 얻게 된다.

10장

성공을 스스로 정의하라

우리는 '성공'에 극도로 집착하고 있는 세상에 살고 있다고 해도 과언이 아니다.

성공을 이루려 몸부림치고, 성공을 꿈꾸며, 틀림없는 성공의 공식을 알려준다는 책을 탐독한다. 다른 이의 성공을 칭송하고, 감탄하고, 때로는 아첨까지 한다. 비밀스레 또는 대놓고 성공한 사람을 질시하거나 못마땅해한다. 성공이란 행복과 성취감의 동의어이고, 성공하지 못하면 좌절과 암울만 남을 거라 여긴다.

그런데 이 대목에서 의문이 떠오른다. 모두가 성공에 집착하는 요즘, 성공의 정확한 의미는 대체 무엇일까?

내 생각에 성공은 누군가가 이룬 성취의 본질에 바탕을 두고 정의해야 할 것 같다. 그 사람은 진정 무엇을 성취했는가? 다른 이에게 도움이 되는가? 자신만의 독특한 잠재력을 십분 발휘하며 살고 있는가? 열정적이고 독자적인 태도로 삶과 일을 대하는가? 그가 성취하려는 일은 가치 있는 일인가?

안타깝게도 오늘날 흔히 말하는 성공의 개념은 성취의 본질과는 거리가 먼 것 같다. 어떤 기업이나 누군가의 커리어의 본질에 초점을 맞추는 대신, 요즘 사람들은 오로지 보상, 특히 돈으로 환산되는 금전적 보상에만 관심을 쏟고 있다.

즉 우리는 과정보다 보상에 초점을 맞춘다. 그리고 이렇게 본질적인 요소가 아닌 부수적인 측면에 초점을 맞춤으로써 성공의 진정한 의의를 깎아내리고 있다. 이제 '성공했다'라는 말은 '돈을 잘 번다'를 돌려 말하는 표현이 되어버렸다.

생각해보자. 누군가를 두고 '돈을 쓸어 담는 외과의'라든가 '억 소리 나는 연봉을 받는 사장'이라 대놓고 말한다면 속물 취급을 받을 것이다. 그러나 사람들이 누군가가 '성공했다'고 표현할 때 진정으로 뜻하는 바는 '돈을 많이 번다'인 경우가 많지 않은가?

돈을 버는 게 문제라고 말하려는 것은 절대 아니다. 다만 여기서 짚고 넘어가려는 것은 돈이란 성공의 부산물일 뿐 성공의 기준 자체는 아니라는 사실이다.

진정한 성공은 내면에서 나온다. 성공은 나라는 사람과 내가 하는 일의 산물이다. 성공은 능력, 열의, 노력, 집중력이 불가사의하게 어우러지면서 생겨난다. 진정한 성공은 자신의 마음속에서 성취하는 것이며, 세상의 척도에 견주어볼 필요 없이 스스로 그 가치를 결정짓는 것이다.

바깥세상은 성공에 돈을 얹어줄 수는 있어도 이렇듯 심원하고 개인적인 성취감 자체를 안겨주지는 못한다. 또한 세상은 내면에서 일궈낸 성공을 앗아가지도 못한다. 그 점은 현실적으로 중대한 의미가 있다.

최근 몇 년간의 경제 상황을 보았다면 경기란 변덕스럽기 그지 없다는 것을 눈치챘을 것이다. 이번 달에는 상당한 수입을 보장하던 진로가 다음 달이면 큰 타격을 입기도 한다. 고액의 보너스를 받던 애널리스트가 갑자기 실직하는 경우도 허다하다. 승승장구하는 사장이 거느린 회사가 난데없이 도산해 버리기도 한다.

이 경우, 상황이 잘 풀릴 때 이들이 이룬 '성공'은 어떻게 될까? 돈이 나오는 구멍이 닫히자마자 성공도 신기루처럼 사라지는 걸까? 애초에 얼마나 얄팍했기에 그리 갑작스레 사라져 버릴까? 그들의 성공은 환영에 불과했던 건 아니었을까?

놓쳐버린 것이 돈뿐이라면 그리 큰 문제는 아니다. 하지만 돈과 더불어 자부심, 자신감, 마음의 평화 등 우리 스스로 정의하는 성공과 관련된 본질적이고 결정적인 요소마저 잃어버린다면 문제는 심각해진다.

자부심이 월급과 비례한다면 월급이 깎이거나 직장을 그만두었을 경우 스스로를 어떻게 평가하게 되겠는가? 자존감이 봉급 인상이나 승진에 좌우된다면 다음 사다리를 오르지 못했을 때 기분이 어떻겠는가?

그리고 우리는 왜 자신의 의지대로 통제할 수도 없고 변덕스럽기까지 한 바깥 세계가 연봉뿐 아니라 우리의 가치마저 결정짓도록 내맡겨두는 걸까?

성공이란 곧 돈을 많이 버는 것이라는 항간의 정의를 무턱대고 받아들이는 것은 지나치게 위험한 일이다. 주관적이고 견고한 성공 기준을 세워야 한다는 형이상학적 조언까지 동원할 필요도 없이, 잠깐만 생각해보아도 연봉을 기준 삼아 나 자신의 가치를 가늠하면 안 된다는 것을 알 수 있다.

통장 잔고만을 바탕으로 내 삶이 제대로 굴러가는지를 판단하는 것은 게으르고도 위험한 태도다.

만족할 줄 아는 사람이 진정한 부자다

이처럼 성공은 부와 동의어라는 정의를 수동적으로 받아들이면 온갖 위험이 따르고 막다른 골목에 갇히기 쉽다. 그렇다면 어떻게 성공을 정의해야 할까?

이 문제에 절대적인 답은 없다. 그리고 바로 그 점이 핵심이다. 의미 있고 마음속으로 공명할 수 있는 성공의 정의는 '각자가 제

나름대로' 세워야 한다. 내가 독자 여러분에게 들어맞는 성공의 충분조건이 무엇인지 정의해주거나 말해줄 수는 없다. 독자 여러분 또한 나와 걸맞은 성공의 조건이 무엇인지 정의해줄 수 없다. 각자 나름의 성공을 향해 나아가야 하는 것이다.

성공을 정의하기 위해 거쳐야 할 과제를 해결하는 것, 즉 나 자신을 더 잘 알고 내가 소중히 여기는 가치가 무엇인지 파악하는 것은 그 자체로 성공의 일부다.

●●

사람도 좋고 실력도 뛰어난 뮤지션 친구가 있다. 돈이나 소유에 대해 놀라우리만치 신경 쓰지 않는 친구다. 음악 일로는 생계를 유지할 정도의 수입만 드문드문 들어왔으므로 한편으론 다행한 일이었다. 경제적 주류에서 너무 멀리 떨어진 나머지 한동안은 차에서 먹고 자야 할 정도였다. 온건하게 표현하자면 대부분의 사람이 그의 생활을 부러워할 일은 없을 정도의 생활수준이었고, 실제로 그 친구도 얼마간 문제와 좌절을 경험했다. 그러나 그는 자신이 성공한 인생을 살고 있다고 생각하며 나도 그 평가에 전적으로 동의한다. 친구는 자신과 잘 맞는 삶, 자기 스스로 택한 삶을 살고 있다.

친구가 자신의 삶을 찾아가는, 아니 만들어나가는 과정은 쉽지 않았다. 삶을 손수 설계하는 도중 주저하는 마음을 이겨내야 할 때도, 불안감에 맞서야 할 때도 많았다. 주변의 기대에 따른 압박감을 떨쳐내야 했고, 그 기대를 저버리고 자신의 선택을 따르는 데 드는 실질적이고 감정적인 비용도 감내해야 했다.

친구의 어머니는 피아노 교사였고 그 또한 어렸을 때부터 상당한 음악적 재능을 나타냈다. 아버지는 애정 넘쳤지만 현실적인 생각을 가진 분이어서 아들이 커서 의사가 되기를 바랐다. 아버지는 아들의 교육과 미래를 위해 열심히 일하고 희생했다. 부모님의 노력과 기대가 헛되지 않도록 그 친구는 음악을 향한 열망은 취미로 충분하다며 의예과에 진학하기로 결심했다.

"대학 시절 나와 아버지는 사랑하고 존중하는 관계라는 걸 깨달았어. 아버지는 내 앞에 펼쳐진 무한한 가능성을 보고 있으셨지. 내가 성공적이고 행복하기를 바라셨고. 그래서 예과 과정을 밟는 동안 내가 아버지를 위해 공부하고 있다고 생각하지는 않았어. 다 내가 계획한 거라고 믿었지. 나 스스로에게 그 길을 걸을 거라 말했고, 어떤 결과가 따르든 받아들이겠다고 마음먹었던 거야."

그러나 대학교 3학년 때 어딘가 문제가 있다는 것이 확실해졌다. 의학에 대한 흥미는 사라져갔고 음악은 그를 더 끈덕지게 불러댔다. 이윽고 친구가 아버지에게 말을 꺼냈을 때 아버지와 아들은 모두 아픔과 혼란을 맛보았다.

"아버지가 의절하겠다고 협박하시거나 한 건 아니었어. 그렇지만 내가 의대를 포기하면 우리의 관계가 바뀌고 상처받으리라는 것은 불을 보듯 뻔했지. 그때까지 받았던 것과 똑같은 차원의 물적 혹은 심적 지원을 더 이상 기대할 수는 없었어. 정말 내 힘으로 헤쳐나가야 하게 된 거지. 선택은 내 몫이었어."

그렇게 해서 길고 복잡한 고난이 시작되었다. 젊은이들이 부모의 기대 밖의 길을 택할 때 전형적으로 겪는 그런 고난이었다. 그러고도 한동안 내 친구는 의예과 과정을 마치고 생화학 학위를 취득하는 등 아버지의 바람을 이루어드리기 위해 할 수 있는 최선을 다했다. 누가 뭐래도 그는 착한 아들이 되고 싶었던 것이다. 아버지가 그에게 건 꿈을 좇았기에 스스로 정한 꿈을 이룰 걱정을 하지 않아도 되었던 것도 사실이었다. 때로 스스로 세운 성공의 틀에 미치지 못하는 위험을 무릅쓰는 것보다 남이 정의한 성공의 틀에 나를 맞추는 편이 쉬운 경우가 있다. 친구는 그때까지 아버지의 바람을 따랐기에, 극도의 스트레스를 안겨주는 의문에 답하지 않아도 되었다. 정말 음악으로 벌어먹고 살 수 있을까? 프로 뮤지션이 될 준비가 되어 있을까? 재능은 충분할까? 충분한 실력을 갖추게 되는 날이 오기는 할까?와 같은.

그래도 운명은 간혹 자신의 모습을 에둘러 나타내곤 한다. 아마도 무의식적으로 그랬겠지만, 친구는 의사가 되는 길을 막으려고 스스로 장애물을 쌓고 있는 자신을 발견했다. 가장 문턱이 높은 의대의 가장 어려운 전공에만 지원했다. 공부도 성실히 하고 지원서도 열심히 썼지만, 그와 동시에 그런 노력의 성과를 얻는 것을 거부했던 것이다. 희미하지만 쉬지 않고 들려오는 마음속의 목소리, 일찍이 소크라테스가 '마음속의 악마'라 이름 붙였고 친구가 '속마음'이라고 부르는 그 목소리는, 의사가 아닌 다른 진로를 걸어야 한다고 그 어느 때보다 더 고집스레 이야기했다.

결국 필연적으로 그 친구는 의사의 길을 그만두고 음악으로 진로를 틀었다. 어머니는 응원해주었지만 아버지와의 사이에는 불행히도 틈이 벌어졌다. 그 틈새는 (분노는 아니었지만) 서로에 대한 실망과 죄책감으로 차 있었다.

"나는 그 점을 알고 받아들여야 했네. 그리고 그러려니 해야 했지. 시간이 흐르면서 나는 그 안의 긍정적인 면을 찾으려 노력했어. 아버지가 내게 걸었던 기대는 애초에 무엇에 바탕을 두고 있었던 것인지 생각해보게 되었지. 아버지가 내게 기대를 걸었던 이유는 나를 사랑하셨고 내 능력을 믿으셨기 때문이었던 거야. 내가 세상에 무언가 이바지할 수 있는 그릇이라고 믿으셨던 거지. 그래, 나는 아버지가 날 위해 정해주신 길을 가지는 않았네. 하지만 아버지가 내게 거셨던 믿음을 내가 택한 분야에서도 실현할 수 있었어."

이 이야기에는 마음 따스한 반전이 있다.

의학을 포기하는 어려운 결정을 내린 지 30여 년이 지났다. 얼마 전 친구는 음악 공연을 열었다. 공연이 끝나고 청중 속에서 어느 내과 의사가 나타나서는 공연 덕분에 마음이 편안해졌다고 말했다. 그리고 친구에게 치유의 힘이 있다고 했다.

"마침내, 누군가가 짧은 몇 마디 말로 아버지가 내게 거신 기대와 내가 스스로 택한 길을 하나로 합쳐주었어. 얼마나 홀가분한 기분이 들었는지!"

이 이야기에 사적인 맺음말을 달고 싶다. 나 또한 짧은 말 몇 마디가 얼마나 어깨를 가볍게 해주는지 깨닫게 해준 개인적인 경험이 있기 때문이다.

20대의 어느 날, (그즈음 나는 음악을 하기로 결심했지만 음악 일로 들어오는 수입은 근근이 살아갈 정도에 불과한 수준이었다) 오마하에 있는 집에 갈 일이 생겼다. 나는 아버지와 이야기를 나누면서 야망, 목표, 그리고 꿈을 이루기 위한 계획에 대해 설명하려 했다. 사실 그건 아버지보다는 '나 자신'을 위한 설명에 가까웠다. 아버지가 생각의 조각들을 모아 내 모습을 또렷이 보여줄 일종의 거울을 완성해주었으면 했던 것 같다.

아버지는 비난을 퍼붓거나 대놓고 충고를 하는 대신 늘 하듯이 내 이야기를 주의 깊게 들었다. 그리고 며칠 뒤, 방을 나서면서 거의 스쳐 지나가듯 말씀하셨다. "피터, 너와 나는 정말이지 똑같은 일을 하고 있는 거다. 음악이 네 화폭이지. 버크셔는 내 화폭인 셈이고. 나도 매일 조금씩 그려나가고 있단다."

그것이 아버지가 한 말 전부였다. 그리고 그것으로 충분했다.

아버지는 그 몇 마디로 그때 내게 무엇보다 필요했고 지금까지도 소중히 간직하고 있는 확신을 심어주었다. 올바른 길을 걷고 있다는 확신이었다. 일에서 큰 성공을 이룬 아버지가 당신이 하는 일을 내가 하는 일에 빗대어 말한 것이다. 그뿐 아니라 어떤 면에서 같다고까지(금전적 보상이나 세상에 미치는 영향이라는 측면에서는 다르겠지만 더 근본적이고 개인적인 타당성의 차원에서는 같다고) 말해준 것이다.

아버지와 내가 성공을 똑같은 방식으로 정의할 필요는 없었다. 같은 판단 기준을 적용할 필요도 없었다. 중요한 것은 금전적 보상의 액수가 아니라 아버지와 나 모두가 자신의 열정을 좇아 일하고 있다는 사실이었다. 그 사실은 우리 부자를 하나로 이어주었다. 아버지가 나를 인정해준 것은 내게 크나큰 선물이었다.

꿈이 이끄는 삶

내 친구의 이야기는 세상에서 흔히 말하는 성공에 대한 정의에 근본적인 모순이 있음을 시사한다. 가장 진실되고 견고한 성공의 기준은 각자가 직접 선택하고 정의한 기준이다. 그러나 그런 기준이 하늘에서 뚝 떨어지는 것은 아니다. 개인적인 선택이나 가치관도 어느 정도는 바깥세상의 영향을 받아 형성되는 법이다.

가족의 기대는 그런 외부적 영향 중 하나다. 당연하고도 적절한 일이다. 어찌 되었든 부모는 자식보다 삶의 더 많은 면면을 보아왔기 때문이다. 또 부모란 자식이 잘되기만을 바라고, '잘되는 것'이 무엇인지 나름대로 고심해서 생각해낸 정의를 가지고 있을 터이다. 그리고 자녀는 성공에 대한 부모의 정의를 기꺼이 받아들이기도, 거부하기도 한다.

자식은 부모가 거는 꿈대로 살아갈 수도 있고, 자신의 꿈이 이끄는 대로 전혀 다른 방향으로 나아갈 수도 있다. 하지만 어느 쪽으로 가든 자식은 선택을 내릴 때 부모의 기대를 고려하지 않을 수 없다. 그것이 인간의 본성이기 때문이다. 그리고 묘하게도 부모의 바람대로 살지 않을 때, 오히려 부모의 기대를 생각보다 많이 고려해왔다는 사실을 깨닫게 된다.

가족의 기대와 마찬가지로 또래 친구들이 주는 압력이나 사회적 유행도 외부적 영향에 속한다. 그러나 성공의 정의를 둘러싼 사회적 유행은 치마 길이나 유행하는 색깔과 마찬가지로 변덕스럽다. 동서고금을 막론하고 통용되는 성공의 정의는 없다. 페리클레스 시대의 아테네에서 성공이란 철학자들과 어울리며 토론할 수 있는 시간과 여유를 갖는 것을 의미했다. 어떤 수도회에서는 성공이란 모든 욕망과 집착을 버리고 물적 세상에 의존하지 않는 상태, 즉 무소유와 무필요의 상태에 도달하는 것이라 보았다. 그런가 하면 염소를 몇 마리 갖고 있는지, 손자를 몇 명이나 두었는지 등으로 성공 여부를 따져볼 수도 있다. 명예가 부보다 훨씬 더 존중받는 경우가 있는가 하면 다른 시대, 다른 지역에서는 물질적 부를 쌓는 것이 최고의 성공을 의미하기도 한다.

이렇듯 성공의 다양한 정의를 감안하면 '성공'은 상당히 독특한 단어라는 사실이 분명히 드러난다. 가령 의자라는 단어를 들으면 누구나 비슷한 이미지를 떠올릴 것이다. 나무, 책, 운전대 등의 단어도 마찬가지다. 이런 단어의 의미는 현실적이고 고정적이며 사람들의 의견에 따라 존재 자체가 달라지는 일은 없다. 하지만 성공은 다르다.

누군가 '성공이란 이런 것이다'라고 주장하는 순간, 그것은 곧 성공의 정의가 될 수 있다. 그것이 성공이라는 단어의 독특한 점이다. 이런 순환논리는 오히려 마음을 가볍게 해준다. 성공이 오직 변덕스러운 사람들의 여론에 따라 정의되는 모호한 것이라면, 구태여 성공의 포로가 될 이유가 없기 때문이다.

그럼에도 불구하고 결국 사람은 자신이 사는 시대와 사회에 의해 형성된다는 사실, 그리고 사회적 유행의 위력을 부정할 수는 없다. 그러나 부모가 거는 기대의 경우와 마찬가지로, 사회에서 제시하는 성공의 정의 또한 수용하거나 거부할 수 있다(사회에서 제시하는 성공의 정의가 아예 존재하지 않는다든가 내 결정에 전혀 영향을 미치지 않는 척 행동하는 것이 불가능할 뿐이다).

모두가 인정하는 성공적인 진로를 택하기는 쉽다. 성공을 이뤄내는 것 자체가 쉽다는 뜻은 아니다(성공을 이루기가 쉬운 경우는 거의 없다). 그러나 특정 시대에 유행하는 유형의 성공을 좇는 것은 손쉬운 일이다. 구태여 독창성을 발휘하거나 스스로의 마음속을 들여다볼 필요가 없기 때문이다. 시대의 흐름이나 대부분의 사람들이 중시하는 기준을 그대로 따라가기만 하면 된다.

그와 반대로 사회의 유행을 거슬러 자기만의 성공을 이루려면 상당한 고민과 강인한 의지가 필요하다. 이는 어떤 버전의 성공이 유행하건 간에 마찬가지로 적용되는 진리다. 예컨대 1969년경까지만 해도 젊은이가 "나는 진심으로 증권가에서 일하고 싶어!"라고 말하려면 상당한 상상력과 용기가 필요했다.

물론 최근 수십 년간 성공에 대한 사회적 정의는 점점 돈에 초점을 맞추는 방향으로 나아갔다. 그 결과 정의의 폭이 좁아지고 단순해졌으며, 돈을 버는 능력을 제외한 모든 능력이 상대적으로 평가절하되었다.

이런 유행은 경영 대학원 입학생 수가 기록적으로 늘어나고 〈타임〉이 여피(고등교육을 받고 도시에 사는 전문직 젊은이를 일컫는 말) 스타일의 유행을 집중 조명했던 1980년대에 들어 본격적으로 시작되었다. 친구가 그 당시 만연했던 풍조를 한마디로 요약해주는, 약간은 기분 나쁜 일화를 말해준 적이 있다.

"파티에 갔었는데 집주인이 자기 친구라면서 어떤 여자를 소개해줬어. 그 여자가 나더러 직업이 뭐냐고 물어보더군. 그때는 그게 사람들이 제일 먼저 알고 싶어 하던 것이었으니까. 작가라고 대답했더니 나를 머리부터 발끝까지, 즉 헤어스타일부터 구두까지 훑어보고는 딱 한마디 하더라고. '잘나가는 작가신가요?'

어찌나 무례하고 멍청한 질문인지 뭐라 대꾸할 말이 없더군. 그녀는 내가 실제로 무엇을 하는가에는 전혀 관심이 없었던 거야. 무엇에 대한 글을 쓰는지, 왜 글을 쓰게 되었는지, 내 작품이 희극적인지, 비극적인지는 전혀 궁금하지 않았던 거지. 내가 오행시를 쓰든, 방금 삶의 의미를 설명하는 거대한 논문을 끝낸 참이었든 간에 그녀에게는 다 똑같이 여겨졌을 거야. 중요한 것은 오로지 내가 돈을 많이 버는가였겠지. 마침내 '그럭저럭요'이라고 말하고는 바 쪽으로 피해버렸다네."

돈에 관한 편협하고도 집착에 가까운 관심이 그저 파티에서 듣는 몇 마디 무례한 말에만 묻어난다면 별문제가 안 될지도 모르겠다. 그러나 이렇게 일의 본질이 아니라 금전적 보상을 기준으로 성공을 정의하는 경향은 매우 현실적이고도 심각한 일련의 결과를 불러온다.

가장 심각한 문제는 시대가 정의하는 성공관이 사람들을 특정 직업군으로 몰아넣고 그와 동시에 다른 직업으로부터 멀어지도록 부채질한다는 사실이다. '승리자'와 '패배자'를 가르는 유일한 기준이 돈이라면 사람들은 돈이 있는 쪽, 또는 적어도 돈이 '있을 법한' 쪽으로 갈 것이다.

그렇게 되면 정말 현실적인 문제가 생겨난다. 20세기 말 인기를 끌던 분야는 경영 컨설팅이었다. 너무나 많은 사람들이 경영의 성배를 쫓아간 나머지 곧 수요에 비해 지나치게 많은 수의 경영컨설턴트들이 생겨났다. 그러자 유행은 변호사로 옮겨갔다. 그러자 지나치게 많은 변호사들이 개업했다. 최근에는 유행의 흐름이 증권 쪽으로 옮겨갔다. 그 유행이 불러온 집착이 어떤 결과를 낳았는지는 모두 잘 보았을 것이다. 요는 황금색 무지개를 쫓아간다 해도 끝에 금화가 가득 든 단지가 있으리라는 보장은 없다는 사실이다.

거기까지는 경제적 위험일 뿐이다. 하지만 감정적, 정신적, 사회적 위험은 또 어떨까?

돈이 될 법하지 않아 버려진 수많은 사람들의 소명은?

부를 추구하는 데 방해가 될까 봐 채우지 못한 수많은 호기심과 발휘하지 못한 창의성은 어떻게 할 것인가?

보상이 아니라 일의 본질에 바탕을 둔 직업군의 미래는 어떻게 될까?

교사를 예로 들어보자. 이보다 더 중요한 직업은 없다. 교사만큼 많은 사람에게 영향을 주고 개인과 사회 전체의 미래에 큰 영향을 미치는 직업도 없다. 게다가 교사들은 마음, 이성, 지식, 체력에 이르기까지 자신의 모든 것을 일에 쏟아부어야 한다.

일의 본질이라는 측면에서 보면 교사는 최고의 직업이다. 그러나 금전적 보상의 측면에서는 그렇지 못하다. 때문에 모든 것을 제치고 돈을 최우선 순위에 놓아야 한다는 풍조가 만연하면 많은 인재가 교직을 진로에서 배제하게 될 것이다.

위대한 스승의 자질을 갖춘 사람이 교사가 되지 않기로 마음먹는다면 아이들이 피해를 입는 셈이다. 교직이 소명인데 연봉이 높은 직장을 택한 사람도 피해를 보는 것은 마찬가지다. 그 사람은 두꺼운 월급봉투를 받기 위해 성취감을 놓쳐버렸다. 스카우트 보너스와 개인적 성장의 기회를 맞바꾸었다. 아이들을 가르치면서 하루를 마무리하는 만족감도 잃어버렸다.

그 시대에 유행하지 않는 종류의 성공을 택하려면 용기, 상상력, 진정 중요한 것이 무엇인지 스스로 결정하는 결단력이 있어야 한다. 경제적인 측면에서 나를 풍요롭게 만들어주는 직업이 있는가 하면, 정신적인 측면에서 풍요롭게 해주는 직업도 있다. 후자의 직업이 외면당하지 않으려면 그 일에 돈으로 셈할 수 없는 존중과 의의를 부여해주어야 한다. 그 직업이 본질적으로 얼마나 귀중한 일인지 상기시켜주어야 하는 것이다.

다행히도 교직의 귀중함을 상기시키기 위해 애쓰는 사람들이 있다. 테일러 말리Taylor Mali는 교직의 존엄성을 알리는 것을 하나의 사명으로 생각하는 시인 겸 교사다. 최근 다양한 직업을 가진 사람들이 참석한 디너파티의 풍경을 묘사한 그의 시를 읽을 기회가 있었다. 대화는 필연적으로 연봉 얘기로 흘러가게 되었고, 어느 변호사가 교사에게 "What do you make?"라고 물었다(영어에서 이 질문은 '얼마나 버는가'와 '무엇을 만드는가'라는 두 가지 뜻이 있다). 말리는 아래 발췌한 시에서 볼 수 있듯 그 질문에 멋지게 대답했다(시 전문은 www.taylormali.com 에 실려 있다).

내가 무얼 만드는지 궁금한가요?
나는 아이들이 스스로 정해둔 한계를 넘어 더욱 노력할 수 있게 만들죠
나는 부모가 아이를 볼 때 성적이 아닌 아이 자체를,

아이가 가진 가능성을 보도록 만들어요

나는 아이들이 상상하게 만들어요

아이들이 질문하게 만들죠

아이들이 비평하게 만들고

아이들이 진심으로 사과할 수 있게 만들고

쓰고 쓰고 또 쓰게 만들어요

그런 다음에는 읽게 만들죠.

내가 뭘 만드는지 알고 싶나요?

나는 변화 그 자체를 만들고 있어요.

당신은요?

수년 전 선禪 불교를 다룬 책에서 지금까지도 마음에 남아 있는 구절 하나를 읽었다. 단순한 말 이상의 의미를 숨기고 있는 것처럼 불가사의하고 모호한 구절이었다.

"보화로의 열쇠는 곧 보화이다."

이 구절은 성공의 개념에도 적용된다고 생각한다. 요즈음에는 성공을 말 그대로 받아들이는 것이 당연한 일처럼 되어버렸다. 예컨대 금이나 보석 또는 각자가 중시하는 것들로 가득 찬 해적의 보물 상자인 것처럼 생각하는 것이다. 그러나 정작 열쇠가 없다면 보물 상자가 무슨 소용일까?

그리고 손에 쥔 열쇠가 보물 상자와 들어맞지 않는다면 어떻게 할 것인가?

내가 생각하는 이 구절의 의미는 이렇다. 주인을 기다리고 있는 보물은 무한하지만, 어느 상자가 내 몫의 보물일지 결정짓는 것은 바로 내가 손에 든 열쇠라고.

우리 각자가 쥐고 있는 불가사의한 열쇠는 무엇으로 만들어져 있을까? 그 답은 저마다 지닌 독특한 재능, 성향, 열의의 조합일 것이다. 그 열쇠로 열 수 있고, 그 열쇠를 밀어 넣어야만 열리는 보물 상자야말로 나 스스로가 정의하는 성공이다.

삶은 내가 만들어가는 것이고, 내가 만들어갈 성공이 어떤 모습일지 또렷이 아는 것 또한 성공의 일부다. 나 외에는 그 누구도 내가 이룬 성공을 평가하거나, 설명하거나, 목표를 달성했는지의 여부를 단언할 수 없다.

세상은 우리에게 많은 보상을 해줄 수도 있고 잠시 보류해둘 수도 있다. 그건 세상의 몫이다. 그러나 세상이 내가 달성하고자 하는 성공의 근본적 가치와 적법성을 재단해줄 수는 없다. 그것은 나의 몫이다. 스스로 정의하는 성공이야말로 빛바래거나 사라지지 않는 나만의 보물이다.

11장

풍요 이면의 위험을 보라

사람이란 서로 다른 면보다 비슷한 부분이 더 많다는 것이 내 기본적인 믿음이다.

출생지나 피부색, 물질적 배경처럼 우연이 결정짓는 요소를 차치하면 우리는 모두 희망, 두려움, 소원을 품고 사랑과 우정의 기쁨을 경험한다. 또한 누구나 갈등과 상실의 아픔을 겪는다. 무엇이 우습고 또 슬픈가에 대해서도 대부분 동의한다. 우리는 모두 의미를 찾는 여정에 나선 동료 여행자와 같다.

위대한 이야기와 신화가 동서고금을 막론하고 공감대를 불러일으키는 이유는 무엇일까? 모두가 공통으로 품고 있는 감정과 열망을 주제로 삼고 또 해명해주기 때문이다.

음악은 왜 만국 공통어로 통할까? 평소에 사물을 설명할 때 쓰는 다양한 단어에 의존하는 대신, 단어로는 어림잡아 묘사할 수밖에 없는 인간 내면의 감정과 에너지에 직접 호소하기 때문이다.

이 책에서 나는 탄탄한 가치관의 중요성, 소명을 찾아내고 그에

답하는 어려운 과제, 실수를 알아차리고 그로부터 배우는 과정, 스스로 세우는 성공의 기준 등 모두들 공감할 만한 주제를 다루었다.

이런 이슈는 누구나 고민하게 되는 문제다. 그러나 문제의 양상은 사람마다 다르게 나타난다. 태어난 지역이나 물질적 배경 같은 변수가 영향을 미치는 것이다. 미국의 사립 고등학생이건 서아프리카의 어느 마을에 사는 사람이건 간에 모두 안정감, 자존감, 마음의 평화를 바라는 것은 마찬가지겠지만, 그 목적에 이르는 길과 중도에 마주치게 될 문제의 양상은 상당히 다를 것이다.

부모님께 배운 삶의 교훈

그래서 이 장에서는 전에 잠깐 다루었던 주제를 좀 더 자세히 살펴보려 한다. 자신이 가진 좋은 가치관을 아이들에게 물려주려는 유복한 부모가 맞닥뜨리는 위험과 함정에 관해 이야기를 할 때가 온 것 같다.

모든 부모는 아이들에게 좋은 가치관을 물려주길 원한다. 아이가 응석받이나 게으름뱅이로 자라기를 바라는 아버지는 아직 보지 못했다. 아이가 욕심쟁이나 아니꼬운 녀석으로 자라기를 바라는 어머니도 아직껏 보지 못했다. 그러나 부모가 의도한 메시지와 실제로 전달된 메시지 간에는 엄청난 괴리가 있다. 바로 그 점이 문제다. 그런 일이 일어나는 이유는 난해하고 복잡하다. '완벽한 부모'란 존재하지 않는 것도 그 때문일 것이다.

부모의 메시지가 어떻게 와전되는지, 좋은 의도로 한 행동이 어떻게 예상 밖의 결과를 불러오는지 생생히 보여주는 이야기를 들은 적이 있다.

●●

가난하지만 굳건한 직업관을 지니고 배움을 중요하게 생각하는 가정에서 자란 한 남자가 있었다. 부모는 아들을 대학에 보내기 위해 희생했다. 그 자신도 아르바이트를 했으며 학자금 대출도 받았다(대출은 나중에 의전에 진학하기로 결정했을 때 상당한 마음의 짐이 되었다).

그는 결국 역경을 딛고 의학과 공학 학위를 모두 따냈다. 기술과 전문성을 동시에 갖춘 드문 케이스였던 그는 환자가 진통제를 손수 안전하게 투여할 수 있도록 해주는 자가통증조절장치를 고안했다. 곧이어 장치의 특허를 내고서 대형 제약회사에 특허 사용권을 빌려주는 대가로 상당한 금액과 지속적으로 지급되는 특허권 사용료를 받게 되었다.

하루아침에 부자가 된 것이다.

부유한 생활이 익숙해질 무렵 아이들이 태어났다. 그즈음에는 온 가족이 좋은 동네의 큰 집에서 살며 번쩍이는 새 차를 몰고 고급 레스토랑에서 외식을 하거나 항상 해가 내리쬐는 휴가지에서 겨울 휴가를 보내는 일들이 당연해졌다.

물론 아버지는 아이들에게 안락하고 풍요로운 삶을 선사할 수 있어 행복했다. 그러나 동시에 아이들이 삶에 대해 왜곡되고 편파적인 시각을 갖게 되지나 않을까 염려했다.

자신은 부자가 되기까지 일련의 과정과 문제들을 직접 겪었다. 목표를 이루기까지 기울였던 노력과 희생, 빚이 주는 엄청난 압박감과 불안감도 잊지 않았다. 세상에 나가 성공할 수 있도록 자신감과 동기를 심어준 것은 빠듯한 형편의 부모님이었다는 사실도 기억했다. 또 떼돈을 벌겠다는 생각으로 자가통증 조절장치를 고안한 게 아니라는 사실도 잊지 않았다. 그가 처음에 장치를 만들게 된 것은 환자를 돕고 임상의학에 의미 있는 공여를 하고 싶었기 때문이었다.

그러나 아이들은 그중 어떤 것도 직접 경험하지 못했다. 그건 아이들의 잘못도, 아버지의 잘못도 아니었다. 아이들은 그저 아버지와 다른 상황에서 태어났을 뿐이었다. 그래도 그 문제는 아버지를 딜레마로 몰아넣었다. 그는 자신이 이룬 것을 뽐내는 스타일도 아니었고, 자기가 준 혜택 때문에 아이들이 부채감을 느끼기를 바라지도 않았다. 그러나 가족의 재산이 마법처럼 갑자기 생겨난 것이 아니며, 모든 것이 노력의 소산이라는 사실을 아이들이 이해하길 바랐다. 그리고 인간 본연의 가치와 금전적 부는 서로 다르다는 것을 깨닫길 원했다. 그들 가족이 덜 가진 사람보다 나을 것도 없고, 더 가진 사람보다 못하지도 않다는 사실을 아이들이 알아주었으면 했다.

큰아들이 열여섯 살이 되던 해 여름, 아버지는 아들에게 기본적인 삶의 교훈을 가르칠 방법을 생각해냈다. 가족은 컨트리클럽의 회원이었는데, 회원들이 골프코스를 걸어 다니는 동안 캐디가 가방을 메고 따라다니는 전통을 지키는 보수적인 클럽이었다. 아버지는 아들에게 여름 동안 클럽에서 캐디로 일해보라고 했다. 캐디는 건전하고 건강하며 야외에서 시간을 보낼 수 있는 일인 동시에 힘들고 이타적인 마음가짐이 필요한 일이었다. 다른 이들이 골프를 즐길 동안 고된 일을 도맡아야 하고, 팁을 많이 받으려면 밝고 공손한 태도를 보여야 하는 일이기도 했다. 게다가 전업 캐디인 어른들과 함께 일하게 될 터였다. 아버지는 아들이 캐디들과 친분을 쌓고 그들의 지식을 존중하며 힘들고 보수가 적은 캐디 일에도 존엄성이 있음을 깨닫길 바랐다.

그래서 아들은 두어 달간 다른 이들의 골프가방을 메고 다녔다. 여름이 끝나갈 무렵 아버지는 아들에게 캐디 경험에서 무엇을 배웠는지 물었다.

"내가 직접 가방을 메고 다닐 필요가 없도록 돈을 많이 벌어야겠다는 생각을 했어요."

배운 교훈이 그거라고? 당연한 일이지만 아버지는 당황했고 유감스러웠다. 아들은 자기의 생각과 반대되는 교훈을 얻은 것이었다. 육체노동을 존중하는 시각은? 일생 동안 노동을 하는 이들을 헤아리는 마음은? 왜 아들은 그런 메시지를 배우지 못한 것일까? 아버지는 왜 일이 이렇게 되었는지 알 수 없었다. 누가 알겠는가? 어쩌면 아들이 짊어지고 다닌 골프백의 주인이 아버지가 배워오길 바랐던 가치를 짓밟아버리는 생각을 아들의 머릿속에 집어넣었는지도 모른다. 다른 캐디들이 아들을 홀대했을 수도 있다. 아버지가 부를 쌓은 과정을 정확히 이해하지 못한 와중에 풍요롭게 자랐기에, 그 과정에서 다양한 영향을 받고 또 속단을 내리는 등 아들의 근본적인 인격과 가치관이 이미 형성된 뒤였는지도 모른다.

아니면 사춘기 시절의 짧은 여름방학이 아니라 아이가 자라는 동안 줄곧 가족이 부유해진 과정에 관해 설명해주는 편이 나았을까? 가난한 집안에 태어나 자수성가하면서 아버지가 느낀 성취감을 더 분명히 드러냈어야 할까? 성공의 본질은 가끔 따라오는 금전적 보상이 아니라 노력과 성취감에 있음을 더 확실히 일러주었어야 할까? 캐디 경험을 너무 늦게 시켰던 걸까?

아버지 외에는 누구도 질문에 답할 수 없을 것이다. 그러나 아이들에게 좋은 가치관을 전해주는 미묘하고도 어려운 과제에 부딪힐 때면 한 번쯤 생각해봄직한 문제다.

이 이야기에서 아들은 아버지의 의도와는 전혀 다른 깨달음을 얻었다. 그리고 그 결과 부유한 라이프스타일을 유지할 수 있도록 돈을 버는 데 꿈의 초점을 맞추게 되었다. 아버지는 실망했겠지만 적어도 아들이 꿈을 품었다는 건 성과라 할 만하다.

몇몇 부유한 가정의 문제는 아이들이 꿈 자체를 품지 않는다는 것이다.

이미 경제적 미래가 안정되어 있는데 열심히 일할 필요가 어디 있어?

노력해봤자 돈이 조금 더 늘어날 뿐인데 왜 노력하지?

어머니나 아버지, 조상님이 이미 업적을 남기고 집안의 이름을 드높였는데 남은 할 일도 없잖아?

이해가 안 가는 건 아니지만 위험하고 자기파괴적인 생각임에는 틀림없다. 이런 생각은 삶에서 기쁨과 활기를 말려버린다.

왜 열심히 일하냐고? 자긍심을 느낄 수 있는 가장 확실하고도 거의 유일한 길이기 때문이다.

어째서 노력하느냐고? 노력해야만 우리 안에 숨어 있는 능력이 빛을 발하기 때문이다. 노력만이 내가 누구인지, 내가 세상에 내세울 것이 무엇인지, 어떤 성과를 이뤄낼 능력을 갖고 있는지를 알려줄 수 있다.

어차피 성공한 집안인데 남은 할 일이 뭐가 있냐고? 무엇이든 할 수 있다.

돈을 버는 것은 사람들이 하는 다양한 활동 중 극히 작은 일부에 지나지 않는다. 그러나 현대 사회는 돈을 버는 것을 지나치게 강조하는 바람에 다른 목표나 포부가 빛을 잃을 때가 있다.

대부분의 사람들은 일해야 하기 때문에 일한다. 식비는 물론이고 꼬박꼬박 내야 할 집세나 상환해야 할 대출도 있다. 근본적인 경제적 현실이고, 이런 과제를 해결하는 것 또한 정당한 자부심을 선사한다.

만약 이미 충분한 자산이 있어서 더 이상 돈벌이가 주된 동기가 되지 못할 경우, 돈벌이와 마찬가지로 꼭 해야만 하는 다른 과제도 많이 있다.

정말 그러냐고 묻는 독자가 있을지도 모르겠다.

나는 창조적 성취나 공공에 대한 기여 등 다른 도전이나 야망도 돈을 향한 야망만큼 타당하다고 진심으로 믿는다. 그러나 내가 어떻게 생각하는가는 중요치 않다. 독자 여러분이 어떻게 생각하느냐가 중요하다. 특히 부자 부모를 둔 자식들에게 이 점은 큰 고민 거리가 된다. 부잣집에 태어났다는 사실이 그들의 정체성과 세상에서의 위치에 지나치게 큰 영향을 미치기 때문에, 부를 제외한 삶의 다른 측면도 부와 마찬가지로 중요하다는 사실을 받아들이려면 상당한 통찰력과 용기가 필요하다.

• •

알고 지내던 한 여성이 있었다. 소매업 분야에서 상당한 부를 쌓은 집안의 딸이었다. 십 대 시절 그녀는 사업에 거의 관심이 없었다. 그래도 의무적으로 학부에서 경영학을 전공하고 MBA 과정에 진학했다. 그녀의 집안이 세상에서 가진 위치와 잘 맞아떨어지는 진로였다. 문제는 그 길이 그녀 자신과는 맞지 않았다는 사실이었다.

그녀는 미술을 향한 열정을 품고 있었다. 어릴 때부터 미술 수업을 좋아했다. 대학 시절 내내 실기수업을 들었다. 재능도 좀 있는 편이라고 생각했다. 그러나 그와 동시에 자신의 예술적 성향을 진지하게 받아들이지 못했다. 스케치 몇 장을 그리는 건 '진짜 인생'과는 하등 상관이 없다는 생각도 했다. 적어도 그녀의 가족이 사는 삶의 방식, 즉 부를 쌓는 것과는 상관없는 일이었다. 그래서 잠시 붓이나 놀리는 거라고 생각했다.

수년간 관심도 열정도 없이 가업에 종사하는 사이, 그녀는 줄곧 그 고민과 씨름했다. 훗날 그녀는 그 시절을 돌아보며 마치 몽유병에 걸렸던 것처럼 의식을 꺼둔 채 몸만 움직였었다고 회상했다. 줄곧 붓을 놓지 않았지만 그림은 그저 취미에 불과할 뿐이라는 고정관념을 떨쳐내지 못했다. 그러나 미술이 삶의 중심이 되었는데도 단순한 취미로 취급해야 하는 현실은 매일 마음을 좀먹어갔다.

좌절감을 더 이상 견딜 수 없을 정도가 되자 그녀는 용기를 내어 집안 사업을 그만두고 전업 화가로 살겠다고 부모에게 말했다.

"정말이지 여러 감정이 묘하게 뒤섞였던 것 같아요. 엄청난 안도감이 밀려들었죠. 신이 나고, 마음에 에너지가 가득 찼어요. 그렇지만 내면 깊은 곳에서는 내가 실패작처럼 느껴졌죠. 부모님이 심어준 생각은 아니었어요. 내가 스스로에게 마음의 짐을 안겼던 거죠. 보헤미안 같은 삶에 탐닉하기 위해 소위 '진지한 삶'을 저버린 것 같은 생각이 들었어요. 우스운 건 아빠가 '시내에 작업실을 둔 화가 딸'을 은근히 자랑하고 다녔다는 거예요. 우리 집안은 괴짜 한둘쯤은 감당할 수 있었으니, 문제 될 것도 없었죠. 유일한 문제는 나부터도 내가 선택한 삶이 의미 있을지 확신하기가 어렵다는 것이었어요."

이번에도 그녀는 같은 장애물에 맞닥뜨렸다. 자신이 꿈꾸는 분야, 수입에 초점을 맞추지 않는 분야에도 의미가 있다는 것을 확신하지 못했던 것이다.

마침내 그녀는 스스로 내린 결정을 받아들였다. 화가의 길도 의미가 있음을 납득하고 진지하게 꿈을 품게 된 계기는 무엇이었을까? 답은 그녀 안에 있었다. 그녀 자신부터 그림을 더없이 진지하게 생각하기 시작했던 것이다.

"어느 순간 깨달았어요. 내가 무엇을 하는가가 아니라 어떻게 하는가야말로 내 포부가 의미 있는지 아닌지를 결정해준다는 것을요. 내가 그림을 게을리하거나 그냥 취미로 그리는 수준에서 끝낸다면 나는 그저 돈 많은 아마추어 화가에 지나지 않겠죠. 그러면 어떻게 자긍심을 느끼겠어요? 그렇지만 열심히 작업하고 마음과 영혼을 캔버스에 쏟아붓고 한계를 넘어서려 노력할수록 자신 있게 스스로를 예술가라고 부를 수 있었어요. 그 외의 것은 중요치 않았죠. 세상이 나더러 위대한 예술가라고 칭송하냐고요? 그런 건 중요치 않아요. 내가 그림으로 돈을 많이 벌 날이 올까요? 그럴 수도 있고 아닐 수도 있죠. 난 그저 내가 자라온 환경의 울타리 바깥에도 수많은 훌륭한 진로가 있다는 사실을 깨닫기만 하면 되었던 거예요."

내가 생각할 때 그녀는 그래도 행복한 결말을 향해 달려가고 있다고 생각한다. 자신의 꿈을 받아들였고, 그녀의 가족들도 그런 모습을 환영했으며, 그녀 스스로도 행복하다면 문제가 될 건 없다. 어쩌면 경제적 여유 덕분에 더 용감하게 꿈을 마주할 수 있었을지도 모른다. 어쩌면 가진 자의 여유라 할지도 모르겠다. 그러나 그게 전부는 아니다. 경제적 현실이나 꿈을 좇은 진로 변경과는 상관없이, 자신의 꿈을 스스로 마주할 용기를 지녔다는 것만으로도 그녀는 현명했다.

우리 가족과 내 경험 이야기로 돌아가야겠다.

앞서 썼듯이 어린 시절 우리 가족은 부유하지 않았다. 부족하지는 않았지만 어디까지나 소박하고 검소한 미국 중서부 지방 스타일로 살았다. 부모님은 저렴한 차를 사서 몇 년씩 탔고, 우리 남매는 명품 옷이 아니라 질기고 튼튼한 옷을 입었다. 어렸을 때 우리는 아무것도 당연한 듯 누리지 않았다. 용돈을 조금 받기는 했지만 저절로 내 손에 쥐어진 것이 아니라 자질구레한 집안일을 하면서 번 것이었다. 시내에 나가려고 어머니에게 2달러를 빌릴 때면 다 쓰지 않고 남겨 오는 것이 당연했다.

시간이 흐르면서 부모님의 자산은 늘어났다. 그리고 나는 나이가 든 뒤에야 비로소 얼마나 큰 가치를 지니고 있는지 깨닫게 된 중요한 교훈을 내 눈으로 목격할 수 있었다. 나는 그 점에 대해 부모님에게 깊이 감사한다.

우리를 둘러싼 환경은 변해갔지만 어머니와 아버지는 변하지 않았다. 내가 목격한 것은 바로 그것이었다.

어머니는 여전히 동네 곳곳에 친구들이 있고 다른 사람의 사연에 마음을 쓰는 따뜻하고 인정 많은 분이었다. 아버지도 여전히 신들린 것 같은 집중력을 유지한 채 카키 바지와 카디건 차림으로 주 6일을 꼬박 일했다.

돈이 우리 부모님을 뒤바꿔놓지 않았던 이유는 뭘까? 나는 돈벌이가 목표였던 적이 한 번도 없었기 때문이라고 생각한다. 아버지가 그렇게 열심히 일했던 이유는 그 일을 좋아했고, 일이 아버지의 도전정신에 불을 붙였으며, 재미있었기 때문이다. 열의와 호기심이야말로 아버지가 처음부터 갖고 있던 가치였다. 돈은 나중에 뒤따라온 것이었지, 부모님이 돈에 끌려간 적은 결코 없었다.

그 차이의 중요성은 아무리 강조해도 지나치지 않다. 그리고 아이들은 굳이 말로 일러주지 않아도 부모의 모습을 보고 자연스레 그 교훈을 몸으로 익힌다.

부모가 자신의 일을 사랑하고 열의를 갖고 일한다면 아이들은 일 자체의 가치를 보게 될 것이고, 스스로도 열정을 바칠 일을 찾아내려 애쓸 것이다. 부모가 자신의 일을 아끼거나 존중하지 않고 부와 지위를 얻기 위한 필요악으로 취급한다면 아이들도 그렇게 생각하게 될 것이다. 잘못된 본보기를 보고 자라면 아이도 커서 좌절과 불행의 길을 걷게 될 가능성이 커진다.

　최근 그처럼 그렇게 잘못된 본보기를 보고 자랄 때 어떤 일이 일어나는지 슬프지만 생생하게 보여주는 어느 아버지와 아들의 이야기를 들었다.

●●

　아버지는 투자은행에서 상당히 성공적인 커리어를 쌓았다. 투자은행의 업무에 따르는 지적 도전과 스릴을 순수하게 즐기는 사람도 많겠지만, 그는 그렇지 못했다. 늘상 지긋지긋하다고 입버릇처럼 말했고 25년 동안 매일 은퇴할 날만 바라보며 살았다.

　일을 몸서리치게 싫어하긴 했지만 업무능력은 뛰어났기 때문에 돈은 많이 벌었다. 한편 자신의 일을 그토록 싫어하면서도 돈을 잘 버는 아버지의 모습은 아들에게 그릇된 생각을 심어주었다.

　전말은 이랬다. 아버지는 자신의 직업을 너무나 싫어했기에 직장에서 겪은 불행을 어떻게든 보상받아야겠다고 생각했다. 일에서 얻을 수 있었던 보상이 돈뿐이었으므로 돈은 그에게 지나치게 중요해져 버렸다. 더 많은 돈을 벌기 위해 자신이 증오하는 일을 더욱 열심히 했고, 그 결과 더 불행해지는 악순환이 일어났다. 그러는 와중에 여름 별장, 호화로운 휴가, 클럽 멤버십 등 돈으로 누릴 수 있는 혜택은 쌓여갔다.

부는 혜택을 가져다주었지만 문제는 그대로 남았다. 그는 돈이 줄 수 있는 것 이상을 바랐기 때문에 부의 혜택조차 제대로 즐길 수 없었다. 그가 원했던 것은 호화로운 휴가나 안락한 생활이 아니라, 마음속의 빈 공간을 메워줄 보상이었다. 그 아버지는 성취감의 빈자리를 채워줄 물건을 원했다. 그러나 바라던 대로는 되지 않았다.

아버지에게는 아들이 하나 있었는데, 대부분의 아들이 그렇듯 아버지를 존경했고 아버지를 따라 하고 싶다는 아이다운 생각을 갖고 있었다. 직장에 들어갈 시기가 되자 아들은 아버지와는 다른 진로를 택해 부동산 개발에 뛰어들었다. 그러나 비슷한 상황이 무의식적으로 되풀이되었다. 좋지 않은 패턴이었다. 아들은 수년간의 불행과 수백 시간의 심리 상담을 거치고 나서야 비로소 그 패턴을 명확히 보고 아버지와 자신을 옭아맸던 속박으로부터 헤어나올 수 있었다.

"일을 좋아한 적은 한 번도 없었어요. 한동안은 그냥 그러려니 했죠. 애초에 사람이 자기 일을 좋아할 수도 있다는 생각을 한 번도 못 해봤으니까요. 그게 가능하다는 걸 몰랐어요. 집에서 보았던 건 아버지가 위스키를 마시고 아스피린을 털어 넣고 이를 가는 와중에 점점 부자가 되는 모습이었거든요. 일이란 원래 그런 건 줄 알았어요."

마침내 아들은 도저히 참을 수 없는 지경에 이르렀다. 아버지와 마찬가지로 업무능력은 뛰어났으므로 돈이 쌓여갔지만 그에게 남은 것은 공허감뿐이었다.

"전형적인 딜레마에 빠진 케이스였죠. 계속 그런 식으로 일하면 앞으로도 불행할 것이 뻔했어요. 그렇다고 그만둬 버리면 아버지에 미치지 못하는 패배자가 된 것 같은 느낌이 들 것 같았고요."

그 시점에서 그는 심리 상담을 받기로 결심했다.

"심리 상담을 받으면서 많은 걸 깨달았어요. 무엇보다도 아버지를 보며 나도 모르게 밴 그 고정관념은 제대로 된 직업관이 아니라는 사실이었어요. 그건 오히려 불행관에 더 가까웠죠. 아버지도 가족을 위해 일하면서 불행했으니 나도 불행해야 한다는 무의식적 논리 속에 갇혀 있었어요. 불행하지 않다면 책임을 회피한 거라 생각했던 거죠. 일은 원래 고통스러운 거라는 관념이 박혀 있었어요. 보고 배운 게 그건데, 달리 생각할 여지가 없잖겠어요?"

불행했던 아버지의 강렬한 본보기가 아들의 삶을 지배하고 있었던 것이다. 그러나 아들은 아버지에게는 없었던 이점을 갖고 있었다. 돈으로 성취감을 살 수 있을 거라는 생각이 얼마나 허망한지 어려서부터 보고 자랐던 것이다. 아들은 아버지나 자신이 택한 길이 진정한 성취감이나 마음의 평화를 주지 못한다는 것을 어느 정도 알고 있었다. 그 길은 세상 사람들 눈에는 성공한 것처럼 보여도 정작 자신의 심장과 영혼은 옥죄는 길이었다.

좋든 나쁘든 어린 시절에 흡수된 가치관은 지워버리기 힘들고, 자신의 길에 회의를 느끼는 것과 그 길에서 벗어날 의지와 용기를 갖는 것은 서로 다른 문제다. 길에서 벗어나려면 더 시간이 걸리고, 자신의 마음을 들여다보아야 하며, 자식의 새로운 선택을 못마땅하게 여기는 부모와의 갈등을 무릅써야 했다.

그러나 사람은 누구나 자신에게 맞는 삶을 꾸려갈 멋진 권리(인동시에 무거운 과제)를 갖고 있다. 결국 아들은 선을 긋고 좋아하지도 않는 일을 하며 살아가는 것은 무의미할 뿐이라는 결단을 내렸다. 그리고 일에서 탈출해서 학교로 돌아가기로 결심했다.

"서른 살이 된 참이었어요. 마침내 연봉이나 사회적 위치 따위는 집어치우고 내가 진짜 하고 싶은 일이 무엇인지 생각해보게 되었죠. 정말 내 흥미를 끈 일이 뭐였냐고요? 바로 심리 상담이었어요. 심리 상담이 얼마나 큰 도움이 되었는지 되돌아보게 되었죠. 심리 상담을 받은 덕분에 새로 태어날 수 있었다고 말한다면 너무 과장된 건지도 모르지만, 어쨌든 내 삶을 진정 긍정적인 방향으로 이끌어 준 건 심리 상담이었습니다. 다른 사람들도 그렇게 도와주고 싶었어요.

그래서 지금은 심리 상담 일을 하고 있습니다. 더도 덜도 아닌 적당한 수입도 들어오고요. 달라진 점은 이제 내 일을 사랑하고, 내 일을 사랑한다는 이유로 죄책감을 느끼지도 않는다는 겁니다. 아침이면 오늘 하루도 무언가 배우게 될 테고, 다른 이를 도울 수도 있을 거라는 기대감을 안고 일어나죠. 집에서는 절대 배울 수 없었던 중요한 사실을 배웠어요. 일 자체가 일의 보상이 되어야 한다는 것 말입니다."

풍요로운 삶의 본질을 찾아서

모든 부모는 자식이 잘 살기를 바란다. 그리고 대부분의 부모는 (이미 부유한 부모조차도) 자식에게 더 나은 삶을 물려주었으면 한다. 당연하고도 흔한 생각, 다들 굳이 고민하거나 주저하지 않고 고개를 끄덕이는 생각이기도 하다. 그러나 절대 당연하게 생각하고 넘기지 말아야 한다. 어떻게 사는 것이 '잘 사는 삶'인지 근본적인 개념을 두고 좀 더 고민해볼 필요가 있다.

어떤 삶이 잘 사는 삶인지 확신을 갖고 자신 있게 말할 수 있는가? 더 잘 사는 삶이란 어떤 의미일까? 더 잘 사는 것은 돈이 더 많다는 것과 같은 뜻일까? 돈과 물질적인 풍요가 쌓여갈 동안 잃게 되는 것이 무엇인지 한 번쯤 생각해본 적 있는가?

한 번은 아랍에미리트의 수도 아부다비에서 나는 이런 근본적인 질문을 바라보는 신선한 관점을 접하게 되었다. 페르시아 만에 인접한 다른 나라들과 마찬가지로 아랍에미리트도 어지러울 만큼 급속도로 현대화되고 있었다. 아부다비의 상류층은 서구 사람이라면 돈이 아무리 많아도 꿈꿀 수 없는 수준의 호사스러운 생활을 하고 있었다. 발전이라는 미명 아래 전통과 자주성이 흔들리는 과정에서 생기는 득과 실이라는 측면에서 볼 때, 아부다비는 서구 사회와 별반 다르지 않은 문제점들을 안고 있었다. 물론 아부다비에서는 모든 일이 너무나 빠른 속도로 일어나고 있어서 더 극적으로 느껴지기는 했지만, 두 사회는 같은 문제에 봉착해 있었다.

어느 날 높은 신분의 셰이크(이슬람 문화권의 귀족)에게 점심 초대를 받았다. 세상 경험이 많은 세련된 신사이면서도 사막을 돌아다니던 유목민족인 베두인 족 출신이라는 자신의 뿌리를 잃지 않은 인물이었다. 그의 '거주지'는 호화롭고 현대적이었는데, 천막을 닮은 둥글고 하얀 건물이 여럿 있는 등 전반적으로 유목민의 캠프를 본떠 지은 것이었다. 그는 손님 접대를 중시하는 베두인 족의 전통도 지키고 있었다. 사막을 지나는 여행자에게 음식과 쉴 곳을 마련해주지 않으면 목숨을 잃을 수도 있기에 예부터 베두인 족이 손님을 잘 대접했다는 것은 널리 알려진 사실이다. 물론 오늘날 아부다비 중심가에서 굶어 죽을 일은 없지만 셰이크는 외국에서 온 손님들을 식사에 초대해서 융숭하게 대접함으로써 전통의 맥을 잇고 있었다. 나중에 안 일이지만 매일 점심과 저녁 만찬에, 30~40명가량의 손님을 초청하여 낙타고기 요리 등 아라비아의 진미를 아낌없이 대접한다고 했다.

하인들이 줄지어 음식을 들고 나왔고, 셰이크는 손으로 접시에 요리를 덜었다. 다른 하인들은 기관총을 든 채 연회장 주변을 지키고 있었다. 이 정도로 눈에 띄는 호사를 누리려면 어느 정도 위험이 따르는 법이니까.

막대한 재산을 가지고 있었음에도 셰이크는 풍족하지 못했던 어린 시절에 대해 자유로이 이야기하는 겸허한 사람이었다. 그가 어렸을 때는 상하수도 시설도, 전기도 없었다고 했다. 학교 건물도 없었다. 선생님과 아이들은 나무 아래 모여앉아 공부했다. 땅에 막대기를 꽂아두고 막대기의 그림자가 미리 표시해둔 곳에 닿으면 그날 수업이 끝나는 식이었다. 주변에서 볼 수 있는 책이라곤 코란뿐이었는데, 그래서 코란은 단순히 종교 경전에 그치지 않고 글자 교재로도 활용되었다. 그 외에는 글자를 배울 길이 없었다. 또한 거친 땅에서 나는 먹을거리에 만족해야 했다. 외국 문물을 접할 기회는 전혀 없었다.

셰이크가 지난 세월 보아왔을 놀라운 변화에 대해 이야기하던 도중, 나는 아부다비의 젊은 세대는 그보다 훨씬 나은 상황에 있는 것 같다고 말했다.

그러나 그는 그리 확신하지 못하는 것 같았다.

"물론 굶을 일이야 없겠지요. 목말라 죽을 일도 없겠고요. 그러나 나는 우리나라의 젊은이들이 걱정됩니다. 많은 아이들이 자기가 누구인지, 자기가 사는 세상이 어떻게 해서 이처럼 변했는지 알지 못합니다. 미국계 국제 학교에 다니고, 독일제 승용차를 타지요. 프랑스산 명품 옷을 입구요. 다 좋습니다. 그렇지만 모두가 아이들의 뿌리와는 동떨어진 것들이죠."

그는 혜택을 누리는 젊은이들이 스스로의 삶으로부터 소외된다고 느끼고 있었다. 지나치게 많은 것이 주어진 나머지 그들 자신의 야망은 아무 의미도 없는 것처럼 여겨졌다. 그렇게 의미를 부여받지 못한 꿈과 포부는 그대로 시들어 버렸다. 많은 젊은이들이 가봐야 할 곳이 없어 헤매고 있었다. 셰이크는 그중 대부분이 방법만 알면 보람찬 일을 해낼 자질을 충분히 갖춘 선하고 따뜻한 젊은이들이지만, 살면서 어떻게 하면 보람차게 살 수 있는지 배운 경험이 없기에 잠재력이 묻혀버린 것 같다고 했다.

아부다비는 너무나 급속도로 현대화가 진행되어 버린 나머지 고작 한 세대 전의 관습도 케케묵고 비상식적인 퇴물이 되어버렸다. 포르쉐를 몰고 레이밴 선글라스를 걸친 도시 출신 젊은이가 사막에서 대추야자나무 아래 앉아 코란을 읽으며 자란 아버지를 보고 과연 얼마나 동질감을 느끼겠는가?

셰이크의 이야기를 들으면서 나는 그가 아부다비 사회의 미래를 두고 걱정하는 문제점들이 미국 사회에도 적용된다는 것을 깨달았다. 그중 하나는 삶의 의미를 축소시키는 자기 소외 현상이다. 어떤 과정을 거쳐 지금에 이르렀는지 모르기에 자신의 현 상태도 제대로 알지 못하는 것이다. 그런가 하면 덧없는 한때의 쾌락을 영속적인 기쁨으로 오인하기도 한다(그러나 그런 기쁨은 순수한 성취를 통해서만 얻을 수 있는 것이다).

이런 문제는 의미를 상실했기 때문에 일어난다. 나와 뿌리를 잇는 연결고리를 찾아야만 이런 문제를 해결할 수 있을 것이다. 과거로 회귀하거나 옛 믿음을 무턱대고 받아들일 것까지는 없지만, 지금 누리는 번영의 토대를 만들어 준 전통적 규범은 존중하고 이해할 필요가 있다. 뿌리 없는 나무가 건강할 수 있을까? 어떤 사회에서든 뿌리가 튼튼해야 가지를 뻗고 그늘을 만들 수 있는 법이다.

돈이 생기기 전부터 있어왔고 돈이 사라진 후에도 영원히 남을 근본적인 진실과의 연결고리를 되찾아야 한다.

무엇보다도 나 자신의 삶과의 근본적인 연결고리를 되찾아야 한다. 돈으로 셈할 수도 없고, 물려받은 돈이 많다고 해서 그 가치가 폄하되지도 않는 내 내면에서 우러나온 생각, 열망, 포부와의 연결고리를 찾아야 하는 것이다.

12장

나누고 베푸는 삶을 살라

어떤 종교를 믿건(또는 종교가 없는 이라도) 성경의 전도서에 장엄한 시들이 담겨 있다는 데에는 고개를 끄덕일 것이다. 그중 한 구절을 소개한다.

모든 일에는 다 때가 있다.
하늘 아래 일어나는 일마다 알맞은 때가 있다.
태어날 때가 있고, 죽을 때가 있다.
심을 때가 있고, 뽑을 때가 있다.
얻을 때, 잃을 때, 손에 쥐고 있을 때, 놓아보낼 때…

마지막 줄, "놓아보낼 때"라는 부분의 진정한 의미를 요즘 말로 바꿔본다면 아마 '사회 환원'쯤이 되지 않을까. 놓아보내는 시기는 무언가를 얻고 손에 쥐는 시기 다음에 온다. 그 시점은 인생에서 물질적 부, 지식, 동정심 등 수많은 선한 가치를 모은 뒤에 찾아온다. 그즈음에는 세상이 우리에게 준 것을 다른 이에게 나누어주는 것이 바람직하다는 생각, 심지어는 그렇게 해야만 할 것 같은 당위성을 느끼기 시작하게 된다.

지금까지는 삶의 여정의 초기 단계에 관한 이야기를 주로 다루었다(시간적 차원이 아니라 개인적 성장의 관점에서 보았을 때 초기 단계라는 뜻이다). 가장 근본적인 가치관이 형성되고 전달되는 과정, 자신의 재능을 찾고 소명에 답할 용기를 기르는 여정, 실수로부터 배우는 아프지만 유익한 경험, 사회에서뿐 아니라 내 마음속에서도 인정받는 성공의 기준을 세우는 지적이고 감성적인 과제 등에 관해 이야기했었다. 하나같이 사람이 성장하는 데 필요불가결한 단계다. 어떤 단계도 필요치 않은 것은 없다. 그러나 그다음에 남겨진 문제가 있다. 사람은 어떤 방향으로 성장하며, 목표는 무엇일까?

이 의문에는 상호보완적인 두 가지 답이 있다.

개인적 차원에서 볼 때, 성장의 목표는 스스로의 힘으로 보상을 얻을 때에만 생겨나는 자존감에 있다. 삶의 길을 스스로 선택하고 나만의 운명을 좇는 과정에서 찾아오는 마음의 평화가 곧 성장의 목적이다.

한편 사회적 차원에서 볼 때 가장 의미 있는 성장은 자신이 받은 혜택을 환원할 수 있는 위치에 가닿는 것이다.

사회적 환원에는 수만 가지의 다양한 형태가 있지만, 거액을 기부하든 작은 친절을 베풀든 사회에 무언가를 돌려준다는 것은 매한가지다. 남을 가르치거나 멘토가 되어주는 것도 환원의 방법이다. 시간을 기부하는 것은 돈을 기부하는 것과 마찬가지로 의미 깊은 행동이다. 일할 때 사적 이득보다 공공의 이익을 고려하는 것 또한 환원의 방법이다. 안전지대를 벗어나 너른 세상에 발을 내딛는 것 또한 환원의 일종이다.

거액의 돈을 사회에 환원할 때면 사람들은 더 그럴싸한 단어를 붙이고 싶어 한다. 그 단어는 바로 자선이다.

익숙한 단어를 아무 곳에나 갖다 붙여서 단어의 원래 의미가 퇴색되는 경우가 있는데, '자선'이 그 예에 속한다. 요즘 자선이라는 말은 금전적 기부에만 따라다니는 것 같다. 마치 자선활동이 부유한 사회적 명사만 할 수 있는 일인 것처럼 말이다.

그러나 사실 자선은 돈이나 사회적 지위와는 전혀 상관없는 단어다. 영어로는 자선을 philanthropy라고 한다. 앞에 붙은 phil(o)는 사랑이라는 뜻이고, 뒤의 anthropy는 인간이라는 의미의 anthropos에서 유래했다. 그렇게 보면 자선은 단순히 우리가 주변 사람들에게 느끼는 애정과 결속감을 표현하는 행동일 뿐, 그 이상도 이하도 아니라는 것을 깨닫게 된다.

물론 돈을 기부해서 나쁠 것은 없다. 그러나 그것이 자선의 본질은 아니다. 자선의 본질은 남을 돕는 마음에 깃들어 있다. 그 마음을 키워가는 것은 누구나 할 수 있는 일이다.

내가 가진 풍요를 돌려준다는 것

사회 환원이 단순히 성공적인 삶에 붙는 훈장인 양 생각하는 사람들도 있다. 돈을 벌었으니 그중 얼마쯤은 낼 수 있다는 식이다. 기부가 사회적 지위의 상징이 되고, 더 많이 기부할수록 지위가 올라간다고 여기는 것 같다. 벌어들인 부를 나눔으로써 가진 자의 부채감(불공평한 세상에서 행운을 누리는 데 따르는 불편한 마음)을 누그러뜨리는 효과도 있을 것이다.

나쁠 건 없다. 남들에게 무언가를 주려고 하는 충동은 바람직한 감정이다. 금전적 기부도 언제든 환영이다. 그러나 나는 순수한 의미에서의 환원은 나라는 사람과 내가 하는 일의 일부를 이룬다고 생각한다. 그런 환원은 개인적인 가치관과 신념에 바탕을 둔다. 이처럼 개인적인 차원의 사회 환원은 수표 한 장을 턱 내놓는 것처럼 일방적인 거래가 아니다. 이런 사회 환원은 '풍요의 순환'의 시작점이 된다. 풍요의 순환이란 나의 일부를 세상에 환원하고 다시 세상으로부터 혜택을 받아서 덕분에 더 많은 것을 환원할 수 있게 되는 것을 말한다.

운 좋게도 풍요의 순환이 어떻게 작동하는지 직접 경험한 적이 있어서 그 원리를 좀 더 생생하게 설명할 수 있을 것 같다. 덕분에 자연스레 환원하는 방법을 익히게 된 것은 두말할 것도 없다.

음악 일을 시작한 지 얼마 되지 않았을 무렵 나는 생계유지를 위해 광고음악을 작곡하는 데 흥미를 잃어가고 있었다. 그래서 한 걸음 더 나아가 긴 곡을 쓰고 내 앨범을 프로듀싱하기로 했다. 광고음악을 쓸 때보다는 비교적 큰 성취감을 느끼긴 했지만, 그래도 마음을 괴롭히는 질문은 남아 있었다. 내가 쓰는 음악은 무엇을 위한 것일까? 나는 적어도 어느 정도의 재능과 열정을 실천에 옮길 능력이 있었다. 그래서 고민했다. 무언가 더 큰 목적이나 목표에 이바지하는 데 노력을 쏟아야 하는 건 아닐까?

그즈음, 나는 북미원주민의 문화와 역사에 깊이 빠져들었다. 지적인 흥미뿐 아니라 정서적 감동도 느꼈다는 뜻이다. 나중에야 깨닫게 된 일이지만 그건 '풍요의 순환'의 시작이었다.

양심을 가진 미국인이라면 다들 그렇듯, 나 또한 백인 정부와 이주민들이 원주민에게 행했던 처사와 '명백한 운명(1840년대 미국의 영토 확장주의를 정당화한 말)' 정책에 혐오감과 부끄러움을 느꼈다. 발전이라는 미명 아래 북미원주민은 사기당하고, 배신당하고, 학살당했다. 대대로 살아온 땅은 빼앗겨 남의 소유가 되었다(그들의 사회에서 '소유권'은 완전히 생경한 개념이었다). 그 소용돌이 속에서 많은 것이 사라져버렸다. 수천 년에 걸쳐 관찰해온 것들, 쌓아온 지식, 자연과 조화를 이루며 살아가는 경험이 담긴 원주민 문화는 짓밟히고 사라졌다. 당시 정부가 그처럼 경멸하며 싹 쓸어내버린 환경적, 정신적, 사회적, 의학적 지혜의 가치가 얼마나 될지 그 누가 알겠는가?

나는 북미원주민 문화의 의미에 사람들의 시선을 모으고 원주민의 신앙과 생활양식을 일부라도 되살릴 수 있게끔 관심과 존중의 분위기를 살릴 수 있도록 무언가 해야겠다고 결심했다.

그런 일을 하라고 시킨 사람은 없었다. 꼭 해야 하는 일도 아니었고 훈장을 안겨주는 일은 더욱더 아니었다. 원주민 문화에 빠져든 것은 순전히 내가 원했기 때문이었다. 어째서 미국원주민 문화에 빠져들었는지 이유를 짐작해보면, 아마도 집안에서 몸에 배었던 (인권, 인간의 존엄성과 결속성을 둘러싼) 근본적 가치관의 발로였던 것 같다. 무언가 대의를 따른다기보다, 순수히 옳다고 느껴지는 행동을 하고 싶었다.

나는 뮤지션인 만큼, 내 음악을 통해 원주민 문화를 되살리는 데 이바지하고자 했다. 그리고 얼마 지나지 않아 무언가 가치 있는 결과물을 내려면 우선 많이 배워야 한다는 사실을 깨달았다. 무언가 돌려주고 싶다는 의도만으로도 풍요의 순환이 작동되기 시작한 것이다. 원주민 문화 되살리기에 이바지하겠다고 결심하자마자 기량을 닦아야 한다는 것을 깨닫게 되었으니까.

닥치는 대로 관련 자료를 읽기 시작했다. 도서관에 가서 북미원주민 관련 코너를 찾아 A 항목부터 시작해서 쭉 읽어 내려갔다. 그리고 각종 자료를 통해 북미원주민의 언어(형태와 뜻뿐 아니라 억양까지 익혔다)에 대해 알게 되었고, 북미원주민의 말에서는 특정 리듬이나 말씨가 음악과 연결된다는 사실에 매혹되었다. 그리고 자연스레 합창곡을 작곡해야겠다는 생각이 고개를 들었다.

내 작곡가 인생이 10초짜리 중간광고음악으로 시작해서 30초짜리 광고음악으로, 그러고는 4분짜리 곡으로 발전해갔다고 썼던 것이 기억나는지? 이제 나는 규모와 목표라는 측면에서 획기적인 도약을 하려는 참이었다. **무엇이 나로 하여금 그처럼 높이 도약하도록 용기를 주었을까? 무엇 덕분에 더 큰 일을 이루겠다는 자신감이 생겨났을까? 내게 용기와 자신감을 준 것은 바로 내가 개인적인 목표보다 더 큰 목적에 이바지하고 있다는 사실이었다.** 목적의 규모가 커지자 음악의 규모도 따라서 커졌던 것이다. 이번에도 나는 내가 사회에 이바지한 만큼, 아니 그 이상을 돌려받은 셈이었다.

그즈음 케빈 코스트너와 함께했던 〈늑대와 춤을〉 작업을 통해 엄청난 기회를 얻었다. 미니시리즈 〈오백 개의 나라〉에 쓸 8시간여의 배경 음악을 작곡하게 된 것이다. 내가 작곡한 배경음악은 뿌듯하게도 평단의 갈채를 받았다. 그러나 그보다 더욱 마음 뿌듯한 것은 원주민 보호구역 안팎에서 살아가는 북미원주민의 현실에 대한 사회적 관심을 불러일으키고 북미원주민 문화의 다양함과 중요성을 알리는 프로젝트에 참여할 수 있게 되었다는 점이었다.

미니시리즈는 끝났지만 북미원주민 문제에 이바지하고 싶다는 내 바람은 그대로였다. 〈오백 개의 나라〉의 여세가 이어지기를 바라면서 나는 음악, 춤, 스토리, 시각 효과를 한데 모은 멀티미디어 공연을 기획했다. 그렇게 탄생한 공연 〈Spirit〉은 원주민 구호성금 모금을 홍보하는 특별프로그램으로 PBS방송국에서 처음 방영되고, 이후 순회공연을 하게 되었다.

물론 시작부터 극복해야 할 문제가 몇 가지 있었다. 그중 하나는 내가 공연을 기획하는 법을 전혀 몰랐다는 것이었다. 이번에도 사회에 무언가를 환원하겠다는 목적을 달성하려면 내 지평을 넓히고, 배우고, 스스로 성장해야만 했다.

그즈음 나는 이미 수년간 음악과 영상을 맞추고 음악을 사용해 이야기를 진행하는 테크닉을 갈고닦은 참이었다. 그러나 이야기 자체는 항상 이미 준비된 상태였다. 이야기를 만드는 것은 다른 사람의 몫이었던 것이다. 그런데 이제 처음으로 이야기의 틀을 생각해내야 했다. 주어진 과제를 해내기 위해 나는 뛰어난 사람들 몇몇과 함께 작업하면서 스토리텔링의 기술과 효과를 치열하게 고민하고 체계적으로 이해하게 되었다. 《신화의 힘》, 《천의 얼굴을 가진 영웅》 등 인간의 보편적인 본성과 열망을 다룬 문화인류학자 조지프 캠벨 Joseph Campbell의 위대한 책들을 읽었다.

캠벨의 책을 접한 것은 내 지적 인생에서 매우 뜻깊은 일이 되었다. 이야기에 대한 캠벨의 열정적인 관심은 나에게도 전해졌고, 결과적으로 내 지평을 넓혀주었다(언젠가 책을 써야겠다는 생각도 그의 책을 읽으면서 생겨난 것 같다).

캠벨의 책을 읽은 덕에 이야기의 틀을 짜는 데 성공했다. 바로 영웅의 여정이었다. 이야기의 배경은 각기 달라도 영웅의 여행은 언제나 결국 자신의 내면을 향하며, 여정의 목표는 자신을 알아가는 것이었다. 그러나 그것으로 끝은 아니었다. 자신을 새로이 알아간 덕분에, 영웅은 한층 높은 차원에서 세상과 다시 만나고 다른 이들의 길잡이로 거듭나게 된다.

나는 그것이야말로 〈Spirit〉 공연의 존재 이유임을 깨달았다. '세상과 다시 만나는 것'이야말로 〈Spirit〉의 중심 주제였다. 북미원주민의 문화적 정체성을 부정하기 위해 자행된 길고 혹독한 군사행동에 피해를 입은 사람들뿐 아니라 진정한 자신으로부터 소외된 우리 모두가 공감할 수 있는 주제였다. 관객 모두 자신의 뿌리와 정체성을 돌아보고 감동을 느꼈으면 했다. 나 자신도 그런 감동을 느꼈다. 이번에도 사회에 뭔가를 돌려주려고 계획한 일을 통해 오히려 내가 더 많은 것을 돌려받은 것이다.

〈Spirit〉은 PBS에서 처음 상영되었고 곧 순회공연을 하게 되었다. 클라이맥스는 워싱턴 D.C.의 내셔널몰에서 열린 공연이었다. 〈Spirit〉을 만드는 과정에서 배운 것을 모두 나열하려면 몇 페이지를 써도 모자랄 것이다. 무대연출법, 거인의 신체적 특성, 공연용 천막을 맞춤 제작하는 방법에 이르기까지 수많은 것을 배웠다. 그러나 이면에 숨겨져 있던 사실도 밝혀야겠다. 그 과정은 지옥처럼 힘들었고 나는 진이 모두 빠져버렸다.

순회공연을 올리는 과정은 무척 힘겨웠다. 이동 문제는 처음부터 끝까지 말썽이었다. 다들 열성적으로 자기 의견을 주장했기 때문에 인간관계도 삐걱거렸다. 나를 비롯, 초기 투자를 했던 후원자들은 돈을 잃었다.

이 이야기를 꺼내는 것은 불평을 늘어놓으려는 게 아니라 이처럼 개인적 차원의 환원에 따르는 중요한 사실을 짚고 넘어가기 위해서다. 개인적인 차원에서 노력을 쏟아부어 사회에 이바지하는 과정은 결코 쉽지 않다. 그리고 쉬워서도 안 된다. 수표 한 장을 쾌척하기는 쉽다. 그러나 내 에너지, 신념, 나만이 갖추고 있는 갖가지 능력을 동원하여 무언가를 세상에 돌려주는 것은 힘든 과정이다. 꿈을 품고 열심히 일하는 사람들이 생업에 쏟는 에너지에 비견될 정도의 노력이 필요하기 때문이다.

그러나 사회에 무언가를 돌려주는 것은 사회로부터 배우는 것과 똑같이 중요하다. 많은 노력을 기울이고 전력투구를 해야 하는 것도 당연하다.

이처럼 자신을 모두 쏟아붓는 개인적 차원의 환원에 대한 놀라운 일화를 하나 소개한다.

●●

1990년, 기자로 일하던 내 친구는 지미 카터 전 대통령에 대한 잡지 기사를 써 달라는 의뢰를 받았다. 당시 카터 대통령은 재활 중인 중독자나 편부모 가정을 비롯, 심각한 경제적 문제에 직면한 사람이나 노숙자를 위해 집을 짓는 '사랑의 집짓기 운동'에 많은 시간을 쏟고 있었다. '사랑의 집짓기 운동' 단체의 홍보처가 전 대통령을 만나기 위한 유일한 창구였으므로, 친구는 그곳에 전화를 걸어 인터뷰를 할 수 있는지 물었다.

전 대통령 측에서는 선뜻 인터뷰에 응했다. 하지만 조건이 하나 붙었다. 하루 동안 '사랑의 집짓기'에 직접 참여해야 한다는 것이었다.

"당연히 그러겠다고 했지. 그렇지만 무얼 하게 될지 알고서 동의한 건 아니었어. 얼마 뒤 전화가 한 통 왔는데, 8월 어느 날 아침 여덟 시까지 필라델피아 북쪽에 있는 어느 주소로 오라고 하더군. 전 대통령과 영부인이 그날 건설현장에서 일할 예정이라면서 말이야. 그 팀에 합류해서 일을 돕고, 그날 일이 끝나면 인터뷰를 하기로 되어 있었지.

가는 날이 장날이라고 날씨도 최악이었어. 42도를 넘는 더위에 찌르는 듯한 햇볕 때문에 눈 뜨기도 힘들 정도였다네. 아무튼 카터 대통령 부부를 포함해 그날 함께 일할 팀원들을 만났어. 간단히 자기소개를 하고 짧게 회의를 하면서 일을 분담했지. 집 짓기에 문외한인 내 몫으로 돌아온 일은 자재를 옮기는 것이었어. 벽돌을 옮기고, 석고보드를 옮기고, 플라스틱 벽널 뭉치를 옮겼지. 하지만 중요한 건 내가 뭘 했는지가 아냐. 그날 카터 전 대통령 부부가 뭘 했는가가 중요하지. 나더러 냉소적이라 해도 좋지만, 거기 가보기 전까지 난 전 대통령과 영부인이 그저 홍보 대사 노릇이나 할 거라 생각했어. 작업복을 입고 나타나서 상징적으로 못이나 한두 개 박고, 사진이나 몇 장 찍은 다음에 그늘에서 쉴 줄 알았지. 지미 카터는 어쨌든 자유진영의 수장을 지냈던 몸이잖아. 그런 사람이 이름과 신망을 빌려주는데, 그 정도면 충분한 거 아냐?

그런데 그날 가보니 카터 부부는 절대 '그 정도면 충분하다'고 생각하는 사람들이 아니었어. 냉소적으로 생각했던 게 부끄러울 정도였다네. 전 대통령 부부도 다른 사람과 똑같이 열심히 일하지 뭔가. 지미(그렇게 불러 달라더군)는 전기톱이 달린 긴 탁자 위로 허리를 구부리고 서서 플라스틱 벽널을 잘랐지. 영부인 로잘린 여사는 치수를 재고 위치를 잡은 다음 벽널이 딱 맞도록 손보는 작업을 맡았어. 여사는 햇볕을 가리려고 큰 모자를 썼지만 그래도 얼굴은 열 때문에 붉게 달아올랐지. 전 대통령은 습기 때문에 뿌옇게 김이 서린 보안경을 쓰고 일을 했어.

하루 종일 카터 부부와 대화를 했다네. 그렇지만 내용은 대부분 "그건 여기다 놓읍시다"라든가 "수평이 맞는 것 같아요?" 따위였지. 전 대통령은 거기서 중요한 것은 자신이 아니라 눈앞의 과제라는 걸 행동으로 보여주고 있었어. 그는 유명인사가 아니라, 자신의 기술과 자신의 땀을 들여 진정 옳다고 믿는 일을 하는 한 사람의 인간으로서 거기 있었던 거네.

오후 네 시에 일이 끝났어. 집 일부의 뼈대를 만들고 널을 댔지. 다들 목마르고 지쳐 있었어. 그러고는 홍보 담당자가 와서 나보고 인터뷰할 준비가 되었냐고 묻더군. 나는 굳이 인터뷰를 할 필요가 없다는 걸 깨달았어. 인터뷰를 하는 게 오히려 요점을 비껴나는 일처럼 느껴졌지. 카터 전 대통령이 하고 싶었을 말은 모두 그의 행동에 담겨 있었어. 이미 몸으로 모든 답을 알려주었는데 어떤 질문을 더 할 수 있었겠나? 인터뷰를 했더라도 그저 말뿐인 인터뷰로 그쳤을 거야. 그리고 그날은 말이 아닌 행동이 중요하다는 걸 되새기게 해준 하루였네.

그래서 나는 그냥 전 대통령과 악수를 하고 함께 일할 수 있어 영광이었다고 말했어. 카터 대통령은 그런 운동에 참여할 수 있는 것은 우리 모두의 영광이라고 답했지."

나와 친구의 이야기를 돌아보면 사회 환원에는 일견 모순되는 부분이 있다는 것을 알 수 있다.

〈Spirit〉 공연을 기획했던 경험은 사회에 무언가를 환원하기 위해 전력투구하면 개인적으로 엄청나게 성장하게 되지만 동시에 그 과정에서 갈등과 좌절을 겪을 수도 있다는 사실을 가르쳐주었다.

지미 카터의 일화는 전직 대통령도 사회에 이바지하는 것을 영광으로 여긴다는 사실을 일깨워준다(심지어 따가운 땡볕 아래서 육체노동을 해야 하더라도 말이다). 지미 카터는 그곳에 필요한 존재는 거들먹거리는 전 대통령이 아니라 한 사람의 일꾼이라는 것을 알고 있는 현명한 사람이었다.

이런 모순은 어떻게 이해해야 할까? 답은 단순하다. 일단 모순을 받아들이고 행동을 개시하면 된다. 겉보기에는 모순처럼 보일지 몰라도 이 모두는 사실 삶의 복잡하고도 풍부한 면면의 일부다. 삶이란 우리가 만들어가는 것이고, 최대한 풍요롭고 짜임새 있는 삶을 살고 싶다면 열정적으로 삶을 헤쳐나갈 의지가 있어야 한다.

자신을 사회에 환원하는 것은 쉽지 않은 일이다. 바깥세상에 스스로를 드러내 보이는 위험한 일이기도 하다. 나라는 사람이 누구인지, 내게 과연 세상에 돌려줄 만한 자산이 있는지 만천하에 드러내는 셈이다.

그처럼 사회에 환원하는 일이 잘 풀리고 모든 일이 기대했던 대로 이루어지리라는 보장도 없다.

더 많은 풍요를 누리는 기술

분명한 사실은 개인적 차원에서 세상에 이바지하다 보면 자신의 능력을 발전시키고 안전지대를 벗어나며 매일 똑같은 일상에서 벗어날 수 있다는 것이다. 그래서 진정한 의미에서 자신을 바쳐 사회에 기여하려면 얼마간 저항이 따른다. 나 또한 그 저항을 직접 경험했기에 잘 알고 있다.

우리 집안에서는 돈을 '버는 것'과 '쌓아두는 것'을 엄격하게 구분했다. 물론 아버지의 돈을 버는 능력이 남달리 탁월하기는 했지만 그 비결은 돈을 버는 데 혈안이 되어서가 아니라 전력을 다해 자신의 소명을 추구했기에 돈이 따라왔다고 보는 편이 옳을 것이다. 아버지가 올린 수익은 아버지의 직감이 옳았고 분석이 정확했다는 것을 보여주는 실질적인 증거였다. 또 주주들에 대한 수탁자로서의 의무를 지키는 것이기도 했다(아버지는 그들에게 꽤 많은 수익을 올려주었다). 다른 투자자들이 호화 요트나 으리으리한 집을 사는 데 쓴다면 그건 물론 그들의 자유다. 하지만 아버지는 그런 계획을 세운 적은 한 번도 없었다. 부를 안겨준 세상에 재산을 돌려주겠다고 처음부터 마음먹었던 것이다.

십여 년쯤 전부터 우리 세 남매는 아버지의 계획에 동원되었다. 크리스마스에 부모님은 우리가 운영하는 재단에 처음으로 기부금을 기탁했다. 각 재단에 천만 달러씩이었다. 상당한 금액이었지만 관리할 수 있는 수준이었다. 다른 모든 사업과 마찬가지로 자선재단을 운영하는 데에도 일을 배우는 기간이 필요하다. 실수를 피할 수는 없다. 물론 큰 사고를 치지 않으려고 노력해야겠지만.

그 후 몇 년간 아내 제니퍼와 나는 재단을 좀 더 잘 관리할 수 있게 되었고 우리에게 주어진 역할을 다했다. 부모님은 재단에 계속 기부금을 지원했고, 2004년 어머니가 돌아가실 즈음 우리 부부는 1억 달러가 넘는 돈을 관리하고 있었다.

그러나 여기서 솔직히 털어놓자면, 나는 이 모든 일에 대해 상당한 양면적인 감정을 갖고 있었다. 아내 제니퍼가 재단 일에 전력을 다해주어서 정말 다행이었다. 재단에 관련된 대부분의 행정업무와 자질구레한 일을 도맡아 처리한 것은 제니퍼였다.

나로 말할 것 같으면 그때까지도 근본적인 문제와 씨름하고 있었다. 어렸을 때 피아노에서 위안을 찾던 수줍음 많고 조용한 아이였다고 말했던 게 기억날지 모르겠다. 사진에 관심을 갖게 된 것도 어떤 면에서는 각종 행사로부터 나름의 거리를 유지하는 방법이기 때문이었다(사진을 찍으면 행사에 직접 참여하기보다는 관찰하는 위치에 서게 된다). 여러 현자들이 말했듯 사람은 변하지 않으며, 기질은 시간이 흐를수록 굳어질 뿐이다. 나는 어른이 되어서도 여전히 혼자서 키보드와 대화하는 것을 즐겼다. 내게는 혼자 지내는 시간이 소중했다.

그러나 혼자 있는 시간을 즐기면서도 나는 아버지의 아들이자 버핏 가족의 한 사람으로서 공적인 역할을 해야 한다는 사실을 알고 있었다. 자선재단은 그런 압박감을 주는 주원인이었고 나는 한동안 그런 압박에서 벗어나려 애썼다. 단순하고, 이기적이고, 납득할 수 있는 이유 때문이었다. 당시 나의 삶, 작곡가로서의 커리어, 차분한 일상, 책을 읽거나 아내와 조용히 앉아 있을 수 있는 시간들을 지켜내고 싶었던 것이다. 당시 내 삶은 무척 만족스러웠다. 하지만 내가 미처 몰랐던 것은 일단 거부감을 물리치고 사회환원 사업을 통해 나 자신을 진심으로 세상에 열어보이면 상상을 훨씬 뛰어넘는 성취감을 맛보게 될 거라는 사실이었다.

그리고 '빅뱅'이 찾아왔다.

2006년 6월, 아버지는 재산 대부분을 기부하겠다는 발표로 전 세계의 신문 1면을 장식했다. 헤드라인을 장식한 숫자는 370억 달러로, 빌과 멜린다 게이츠 재단에 기부하기로 되어 있었다. 기사 끄트머리에는 우리 세 남매가 운영하는 재단에 각기 10억 달러가 돌아간다는 내용이 나와 있었다.

형, 누나, 나는 두어 달 전에 그 계획에 대한 귀띔을 받았다. 소식을 듣자마자 처음으로 한 일은 아버지께 전화를 걸어 진정 아버지를 자랑스럽게 여긴다고 말씀드리는 것이었다. 그것이 머리에 떠오른 유일한 말이었다.

아버지가 기탁한 기부금을 어떻게 운용할지 결정하기까지는 많은 시간이 걸렸다. 제니퍼와 나는 이제 상당한 자금을 관리해야 했다. 재원으로 무엇을 할 것인가? 돈을 나누어 여러 가지 자선사업에 지원해야 할까, 아니면 한두 가지에 집중하는 편이 나을까? 한두 가지에 집중할 경우, 어떻게 무슨 사업을 지원할지 결정해야 할까? 그저 돈을 나누어주는 것이 아니라 우리가 직접 환원에 동참하려면 어떻게 해야 할까? 어떻게 하면 우리가 줄 수 있는 도움을 극대화시킬 수 있을까? 모든 문제가 겹쳐 현기증이 날 정도였다.

아버지에게는 특이한 버릇이 하나 있었다. 아버지와 이야기를 나누다보면 갑자기 주제와 거의 상관없는 듯한 말을 꺼낼 때가 있다. 당시에는 좀 어리둥절한 기분이 들지만 나중에 돌아보면 그 말이 상황과 딱 맞아떨어졌다는 사실이 밝혀지곤 한다. '오마하의 현인'이라는 별명처럼 아버지는 다른 사람이 아직 보지 못한 연관성을 보아냈던 것이다.

아버지가 공식 발표를 하기 전 우리 가족은 오마하에 모였다가 함께 뉴욕으로 날아갔다. 비행기를 타고 가는 동안, 나는 재단 일을 맡아보는 것이 좀 곤혹스럽다고 말을 꺼냈다. 그런데 갑자기 아버지는 재단 일이 내 음악에 영향을 미칠 거라 생각하는지 물었다.

그때는 그냥 밑도 끝도 없는 묘한 질문이라 생각했다. 재단을 돌보느라 작곡 일을 할 시간과 집중력이 분산되느냐는 뜻이었을까? 아니면 재단 일이 작곡 과정에 보탬이 되느냐는 의미였을까? 나는 각각의 일이 서로 영향을 미칠 이유는 없는 것 같다고 애매하게 대답하고 넘어갔다.

그러나 생각해보면 재단 일이 내 음악에 영향을 미칠 것이라는 사실은 당연했다. 영향을 미치지 않을 수 없었다. 아버지는 나보다 먼저 그 점을 알아챈 것이었다.

'빅뱅' 이후 몇 달간, 아내와 나는 주어진 임무와 재단의 목적에 대해 오랫동안 곰곰이 생각했다. 우리는 재단을 '변화하라, 고쳐라, 창조하라'라는 뜻의 라틴어에서 따서 노보NoVo라 이름 지었다. 하지만 문제가 있었다. 어떤 변화를 지향해야 할까? 그리고 그 변화를 일으키기 위해 어떤 전략을 고안하거나 선택해야 할까?

여러모로 혼자 고민해보고 기부 경험이 많은 사람들이나 행정 전문가와 회의를 한 다음 우리는 몇 가지 기본원칙을 세웠다. 우선 '자선의 탈을 쓴 식민주의'식 사업은 피하기로 했다. 이는 외부인인 자선사업가가 현지인보다 문제점을 더 잘 안다고 착각하는 경향을 말한다. 이들은 나아가 효과적인 해결책을 제시할 수 있다는 착각에도 빠진다. 오만한 태도도 문제지만 이들이 내놓는 해결책 또한 무용지물인 경우가 많다. 그래서 무엇이 문제인지 알고 있으며 스스로 나름의 해결책을 생각해낸 사람들에게 지원을 제공하기로 했다.

두 번째로, 아버지의 오랜 사업 원칙, 즉 과소평가된 자산에 투자한다는 원칙을 응용하기로 했다. 이 생각은 우아하리만치 단순했다. 세상에서 제대로 인정받지 못하는 부분을 찾아내서 지원한 다음, 쓸데없이 간섭하지 말고, 세상이 그 가치를 깨달을 시간을 주면 되는 것이었다.

전 세계적으로 어떤 인적자원이 과소평가되고 있는지 생각해보니, 자명하면서도 충격적인 답이 떠올랐다. 바로 여자아이들이었다. 슬픈 현실이지만 아직까지도 여러 문화권에서 여자아이들은 심한 차별을 받고 있다. 아들은 교육을 받지만 딸은 학교에 보내지 않는다. 남자아이는 더 넓은 세계를 경험할 기회를 누리지만 여자아이는 가족, 나아가 남편에 얽매여 살아가는 경우가 너무나 많다.

그런 불평등을 해소하기 위해 무언가 하고 싶었다.

게다가 차별받는 여자아이들을 지원하면 멋진 상승효과가 생겨날 가능성도 있었다. 오늘의 여자아이가 내일은 어머니가 될 것이다. 여자아이들이 더 건강해지고, 더 나은 교육을 받고, 경제적으로 자립할 수 있도록 돕는다면 마치 화수분처럼 다음 세대에도 긍정적인 영향을 미칠 터였다.

우리의 첫 사업은 라이베리아와 시에라리온 등 서아프리카 국가에 집중되었다. 여자아이들에게 안전한 쉼터, 전반적 교육, 실용적인 직업훈련을 아울러 제공하는 학교를 지원했다. 여자아이들은 읽고 쓰는 법, 전기가 필요 없는 페달식 재봉틀을 이용해 바느질하는 법을 배웠다(물론 학생들이 자라서 전기 기사가 된다면 그 또한 바람직한 결과일 것이다). 전반적인 사업계획은 여자아이들에게 다양한 삶의 선택지를 제시하는 데 초점을 맞추고 있었다. 이처럼 경제적으로 자립하고 직접 수입을 관리할 수 있게 되면서, 학생들은 자주적이고 자긍심이 느껴지는 미래를 꿈꿀 수 있었다.

사업에 참여하는 과정에서 처음으로 아프리카에 직접 가보게 되었다. 개인적으로 매우 의미 있는 경험이었다. 빈곤한 경제적 환경 속에서도 현지 사람들의 마음은 기쁨, 희망, 풍요로운 감정으로 가득했다. 먹을 음식이나 쉴 집조차 변변치 않은데도 불구하고 평온한 마음, 용기, 유머를 잃지 않는 수많은 아프리카 사람들 앞에서,

지나칠 정도의 물질적 풍요를 누리면서도 사소한 걱정을 하거나 불평을 늘어놓느라 바쁜 서양인인 내가 부끄럽지 않을 수 없었다. 어떻게 하면 이렇게 터무니없는 물질적 격차를 약간이라도 메울 수 있을까? 또 서구사회는 개인의 영달이 아닌 사회 공동체, 끝없는 야망보다는 정신적인 풍요로움에 초점을 맞추는 아프리카 사회로부터 무엇을 배울 수 있을까?

집에 돌아온 나는 여행에서 받은 복잡한 감정을 정리하려 애썼다. 무엇을 했을까? 나는 피아노 앞에 앉아 곡을 쓰기 시작했다. 당연한 일이었다. 나는 말로 미처 전하지 못하는 생각과 느낌을 표현하려 애쓸 때면 항상 건반 앞에 앉았던 것이다. 일곱 살 때 단조로 〈양키 두들〉을 연주하던 때 같았다. 머리와 가슴속이 무언가로 가득 차 있었고, 음악이야말로 감정과 생각을 분출할 길이었다.

이야기를 나누던 당시에는 뜬금없는 것처럼 느껴졌던 아버지의 질문은 되돌아보니 예언이었다. 내 음악 인생과 재단 일이 DNA 가닥처럼 긴밀하게 얽혀들고 있었다.

그 일이 있고 나서 얼마 지나지 않아 에이콘이라는 이름의 뮤지션을 소개받았다. 그는 라이베리아에서 겪은 경험을 주제로 만든 내 곡을 듣고서 음반을 보내달라고 했다. 그리고 그 곡을 리믹스해서 직접 노래했다.

이렇게 해서 우리는 같은 생각과 음악 아래 힘을 합치게 되었다.

아직은 초기 단계에 있지만 앞으로도 계속 함께 작업할 수 있었으면 한다. 2009년, 에이콘과 나는 다른 자작곡을 함께 노래했고 UN 총회에서 공연하는 영광을 얻었다.

오십이라는 나이에, 나는 상상했던 것보다 훨씬 마음을 울리는 성취감으로 가득한 삶을 살고 있는 나 자신을 발견하게 되었다. 모든 인생이 그렇듯 내 삶도 조화와 진화를 거쳤다. 나는 지금도 열 살, 서른 살이었을 때와 같은 사람이지만 시간이 지나면서 내 시선은 점차 바깥세상을 향하게 되었다. 나이가 들어갈수록 내게 무엇이 필요한지에 대한 고민은 줄어들었다. 어릴 적 중대하고도 어렵게 여겨졌던 고민들이 대부분 (물론 전부는 아니지만) 해결되었기 때문이다. 내 소명을 찾아 전력투구했고, 스스로 증명해 보여야 하는 것들을 증명했다. 이제 나는 사회에 더 많은 것을 돌려줄 수 있도록 성장하기 위해 음악적으로나 사회환원사업 방면에서나 내 한계를 넘어서는 데 주력하고 있다.

솔직히 말해 내가 일군 삶에 자부심을 느낀다. 물론 내가 얼마나 운이 좋았는지 알고 그에 감사하고 있다. 내 자부심은 내게 주어진 행운과 감사하는 마음을 아우르는 것이다. 누구나 각자의 과제를 안고 살아간다. 내 과제는 앞서 말했듯이 내게 주어진 좋은 상황과 함께 찾아온 문제들을 해결하고 앞으로 나아가는 것이었다. 지금까지는 그럭저럭 잘해낸 것 같다.

누구나 자신의 삶에 자부심을 가져야 한다. 삶을 손수 만들어가는 것은 지구상의 모든 사람이 유일하게 공유하는 의미 있고 신성한 기회다. 삶은 스스로 만드는 것이다. 누가 대신 살아줄 수도 없고, 이렇게 살아야 옳다고 주장할 권리도 없다.

사람들은 각자의 목표가 있고,

각자 나름대로 성공의 기준을 정한다.

어떤 환경에서 삶을 시작할지 선택할 수 있는 사람은 없지만

어떤 사람이 될 것인가는 각자의 선택에 달려 있다.

지금 시작하자

개인적으로 아끼는 글이 있다. 정확한 근거는 없지만 위대한 독일 시인 괴테가 썼다고 전해지는 글이다. 누가 썼든 간에 이 짧은 구절은 내가 깊이 믿는 바를 시사할 뿐 아니라 이 책에서 다룬 내용 대부분을 담고 있다.

● ●

사람이 전력을 다하기 전까지는 망설임, 즉 한발 물러설 기회가 있다. 모든 창조적이고 진취적인 행위에 적용되는 근본적인 진실이 하나 있는데, 이를 알지 못하면 무수한 아이디어와 훌륭한 계획이 수포로 돌아가게 된다. 그 진실은 바로 진정 최선을 다하는 순간, 신의 섭리도 그에 따라 움직인다는 사실이다. 최선을 다하는 이를 돕기 위해 절대 일어날 리 없을 성싶은 온갖 일들이 일어난다. 그 결심으로부터 일련의 일들이 시작된다. 아무도 꿈조차 꾸지 못한 예측 밖의 상황, 만남, 물질적 도움이 그를 돕기 위해 잇따라 모습을 드러낸다. 무엇을 할 수 있건, 혹은 무엇을 할 수 있을 거라 꿈꾸건 간에, 일단 시작하라. 용기는 천재성, 힘, 마법을 품고 있다. 지금 시작하라.

이 구절을 왜 좋아하느냐고? 가장 큰 이유는 '전력투구'를 강조하기 때문이다.

이 글에서 이야기하는 힘과 마법은 어디서 오는 것일까? 특별한 재능, 특별한 지능, 아니면 다른 특별한 무언가에서 비롯되는 것은 아니다. 우리는 모두 힘의 원천을 갖고 있다. 사람이라면 누구에게나 있는 그 잠재력은 바로 소명에 전력을 다하고, 길을 선택하며, 결단력과 인내를 갖고 점차 앞으로 나아가는 능력이다.

이 구절에서 말하는 '신의 섭리'는 무엇일까? 독자 여러분도 이제 눈치챘겠지만 나는 어떤 종교의 전통도 따르지 않고 있다. 그리고 어떤 신앙체계를 다른 종교보다 중시하는 시각 자체를 경계하는 편이다. 그래서 '신의 섭리'라는 개념을 나만의 은유적인 방식으로 설명해보려 한다.

개인적으로 신의 섭리란 인간과 분리된 외부의 힘이 아니라고 생각한다. 그보다는 우리 내면에 존재하지만 미처 있는 줄도 몰랐던 힘, 용기, 직관력의 씨앗과 같다고 본다. 그리고 그 씨앗은 전력투구하며 집중할 때 비로소 꽃을 활짝 피우게 된다.

깔린 아이를 구하기 위해 자동차를 들어 올린 어머니, 가족이 탈출할 수 있도록 지붕을 받치고 버틴 지진 피해자의 이야기를 한 번쯤 들어보았을 것이다. 9·11을 겪은 사람이라면 공황 상태에 빠진 민간인이 도망쳐 나오는 와중에 불타는 건물로 줄지어 들어가던 소방관의 눈물겨운 모습을 잊지 못할 것이다. 특수한 상황에서 일어난 특별한 행동이라 여기고 넘어가기 쉽지만, 일상적인 삶의 면면에도 이와 같은 근본적인 진실이 적용된다고 나는 믿는다.

●●

우리는 스스로 생각하는 것보다 더 강하다.

우리는 필요한 순간이 오기 전까지는 미처 있는 줄도 몰랐던 용기를 가지고 있다.

우리는 지금껏 상상조차 해보지 않은 난제도 감당할 수 있다.

용기와 힘의 씨앗을 꽃피우고 내면에 숨겨진 최고의 재능을 일깨워주는 요소는 무엇일까? 답은 바로 삶을 스스로 만들어가겠다고 굳게 결심하고, 용기를 내고, 전심전력을 다하는 것이다.

이 글을 쓰는 지금 세계 경제는 걱정스러울 만큼 불확실한 상태에 직면해 있다. 실업률은 높고 집을 압류당할 처지에 놓인 사람도 많으며 기업은 줄줄이 도산하고 산업이 통째로 축소되거나 퇴보하는 경우도 있다. 노년층은 연금과 노후를 걱정하고 젊은이들은 장애물과 위험요인이 가득한 미래를 마주하고 있다.

독자들이 이 책을 읽을 때쯤이면 경제적 전망이 더 밝아질 수도 있다. 또는 그렇지 않을 수도 있다. 확언할 사람은 아무도 없는 것 같다. 나야 당연히 모른다. 심지어 뛰어난 통찰력을 갖추고 금융 상황에 관해 상식적이고 직설적인 의견을 내서 전설적인 명성을 날리고 있는 아버지마저도 이번 위기를 예견하지 못했음을 솔직하고 공공연하게 인정했다. 현재 우리가 겪고 있는 이 상황을 그대로 거친 사람은 이제껏 없는 것 같다.

우울하고 불길한 기분에 젖자고 경제 위기 이야기를 꺼낸 것은 아니다. 오히려 나는 이렇게 좌절감 가득한 시간이 훌륭한 기회를 만들어낸다고 생각한다.

당연하게 여기던 것들이 무너질 때, 사람은 자신이 지닌 가능성, 그리고 세상을 새로운 시각에서 바라보게 된다. 철밥통일 거라 여겼던 직종이 지나고 보니 그다지 안정적이지 않다면 어떻게 할 것인가? 작년보다 올해 더 많은 돈을 벌고, 오십 줄을 넘긴 뒤에도 서른 살 때보다 자산이 늘어나지 않는다면? 안정적 직장이라는 믿음이 착각에 불과할 수 있다는 사실을 인정한다면?

2009년 4월, 〈뉴욕타임스〉는 "지금, 커리어의 꿈을 좇을 때인가?"라는 기사를 실었다. 기사를 쓴 직업상담사 파멜라 슬림은 대부분의 사람들이 현실 속의 직장과 동떨어진 공상의 커리어를 갖고 있다고 했다. 공상의 커리어는 대개 현실 속의 직장보다 연봉과 사회적 지위가 높았다. 하지만 의외로 그렇지 않은 경우도 꽤 많았다.

어떤 사람들은 돈을 원한 것이 아니라, 더 많은 자유를 그리고 있었다. 더 큰 권력을 보장하는 것이 아니라 스트레스가 덜한 직장을 꿈꾸었다. 높은 지위가 아니라 창의적 성취감을 원했다. IT 프로젝트 매니저는 하이킹 가이드가 되었으면 하고 바랐다. 어떤 잘나가는 기업인은 UPS 택배 기사가 된 자신의 모습을 꿈꾸었다. 그는 질서, 일관성, 운동, 매일 완수할 수 있는 명료한 일거리를 원했던 것이다. 이렇게 일반적인 예상을 벗어나는 '꿈의 커리어'는 보편적인 생각과 틀에 박힌 편견으로부터의 해방을 의미한다고 나는 생각한다. 어린 시절, 어른이 되면 무엇을 하고 싶은지 자유롭게 생각하던 모습으로 돌아가는 건강한 행보랄까.

그렇다면 사람들은 어째서 하고 싶은 일을 하지 않을까(여기서 '하고 싶은 일'이란 아무 고민도 하지 않고 제멋대로 경솔하게 고른 일이 아니다. 각자의 가치관이 반영되어 있고, 자신의 재능과 창의성을 가능한 한 폭넓게 활용할 수 있도록 숙고해서 택한 일을 가리킨다)?

음악, 그림, 글쓰기에 끌린다면 왜 하지 않는가?

가르치는 일에 보람을 느낀다면 왜 그 길을 택하지 않는가?

상업과 부의 중심지에서 멀리 떨어진 자연 속에서 하는 일이 마음에 든다면 왜 그리로 가지 않는가?

물론 이처럼 인습에 얽매이지 않은 선택을 하려면 '안 될 거 뭐 있어!'라고 재차 마음을 굳게 다져야 한다. 예술 분야의 진로는 불확실하기로 악명 높다. 교사나 간호사처럼 남을 돕는 직업은 일의 가치에 걸맞은 연봉이나 사회적 지위를 보장받지 못하는 경향이 있다. 대도시의 편리한 생활양식에서 벗어나 자연 속에서 일하려면 어느 정도 자립능력이 필요하다.

게다가 경제적 상황이 좋지 않을 때에는 더 신중하고 조심스럽게 행동하게 되는 것이 사람의 본능이다. 그렇게 조심스러워하는 것도 납득이 간다. 그러나 잘 생각해보면 실은 그 반대로 행동하는 것이 현명할 수도 있다.

MBA 과정을 밟고 안정적인 길을 택해도 위험요소와 함정이 가득하다면, 애초에 더 넓은 시각에서 다양한 진로를 고민하는 편이 낫지 않을까?

돈이 유일한 성공의 척도라는 항간의 믿음에 허점이 있다면, 스스로를 위해 더 인간적이고 포괄적인 성공의 기준을 마련해야 하지 않을까?

요즘처럼 시간이 흐르면 당연히 자산도 늘어날 거라 확신할 수 없는 상황이라면, 개인적 성취감과 마음의 평화로 이룩한 내면의 자산을 쌓는 편이 더 지각 있는 행동이 아닐까?

개인적인 내용을 담은 책이니 개인적인 이야기로 마무리 짓는 게 좋을 것 같다.

책의 첫머리에 썼듯 나는 인생을 제대로 사는 비결을 알고 있는 것도 아니고 삶의 의미를 둘러싼 수수께끼를 꿰뚫고 있는 것은 더더욱 아니다. 심리 상담 전문가 행세를 하려는 것도 아니다. 이 책에서 간간이 등장하는 조언은 내가 진심으로 진실이라 믿는 것들이다. 그런 진실에 대해 설명하거나 확신을 갖고 말할 수 있다는 생각이 드는 부분에서는 굳이 망설이지 않고 내 의견을 피력했다.

사실 내게 있어 이 책을 쓰는 과정은 독자 여러분에게 조언을 전하는 것 이상의 개인적 의미가 있었다. 이 책은 무엇보다도 내 생각을 명확하게 정리할 계기가 되어주었다.

"숙고하지 않은 삶은 살 가치가 없다."

플라톤이 남긴 말이다. 그의 시대와 우리 시대 사이를 흘러간 2천 5백 년이라는 시간 동안 그 말은 더욱 진실로 굳어진 것 같다. 삶은 예전보다 더 빠르게 돌아가고, 정신을 산만하게 하는 것들도 늘어나고 있다. 휴대폰, 메시지, 온갖 미디어 등 잡동사니들이 늘어날수록 소음을 걸러내고 삶의 중심을 찾는 것은 더 어려워지고 있다. 하지만 이 책을 쓰면서 나는 조용히 앉아 삶의 중심 언저리에서 의미 깊은 시간을 보내는 호사를 즐길 수 있었다.

삶의 중심부에서 무엇을 찾았느냐고?

가장 근본적으로, 나는 감사하는 마음을 찾았다.

관용, 신뢰, 타인에 대한 끝없는 호기심 등 인생의 여러 교훈을 전해준 어머니에게 감사한다. 자제력, 노력, 스스로 정한 운명을 지칠 줄 모르고 추구하는 모습을 몸소 보여준 아버지에게 감사한다. 우리 부부가 각자 나름대로 성장하는 와중에도 모든 중요한 분야에서 진정한 파트너십을 보여준 아내에게 감사한다.

또 나는 음악에도 전보다 더 감사하게 되었다. 물론 항상 음악을 사랑해왔지만, 이제는 음악이란 기적 그 자체라고 생각할 정도다. 음악의 톤과 리듬은 위안과 기쁨을 주고 사람과 사람 사이의 장벽을 무너뜨리며 말로 다할 수 없는 것을 이야기해준다. 정말 경이롭다. 작곡가이자 연주자로서 음악의 기적에 일조할 수 있다는 것은 예나 지금이나 내게 주어진 엄청난 혜택이다.

물론 삶의 중심에서 발견한 모든 것이 그처럼 좋지만은 않았다. 젊은 시절을 되돌아보니 머리를 긁적이게 되는 일도 많았다.

정규 교육을 계속 받았다면 내게 주어진 기회를 좀 더 활용할 수 있었을까? 음악이라는 소명을 받아들이는 데 어째서 그토록 오랜 시간이 걸렸을까? 왜 나는 삶의 이런저런 중요한 시점에서 불안감에 몸을 내맡겼을까? 어째서 소위 '어른'이 된 뒤에도, 지금 되돌아보면 불을 보듯 뻔하고 피할 수 있었던 실수들을 저질렀을까?

이런 의문에 대한 완벽한 답을 낼 수는 없었다. 하지만 책을 쓰는 과정은 이런 의문의 답을 고민하기에 적합한 환경을 제공해주었다. 변명을 하지도, 창피해하지도 않고, 실수를 인정하지 않을 때 흔히 그렇듯 죄책감이 마음을 좀먹는 일도 없이, 내가 저지른 실수들을 차분히 숙고할 수 있었던 것이다. 실수를 되돌리거나 인생에서 잘라낼 수는 없다. 하지만 나는 실수를 받아들이고 교훈을 얻을 수 있었다. 이제 내게 있어 실수는 세상 그 누구와도 다른 '나만의 삶'을 완성시켜준 수많은 경험 중 하나다.

물론 실수와 후회는 서로 다르다. 실수는 일어나기 마련이며 대개 마음속에서 정리하고 넘겨버릴 수 있다. 반면 후회는 좀처럼 사라지지 않는다. 실수는 한 번 일어났다가 지나가는 일이다. 그러나 후회는 마음에 어두운 그늘을 드리운다.

후회 따위는 없다고, 과거로 돌아가도 그대로 살 거라고 주장하는 사람은 언뜻 멋있어 보인다. 그러나 사실 그런 말은 허세 가득한 헛소리거나, 삶을 아예 숙고한 적이 없다는 방증일 뿐이라 생각한다. 인생을 살아가는 백여 년 동안, 크고 작은 후회들은 쌓여 가게 마련이다. 매일 얼마나 많은 선택을 하는지, 즉석에서 대처해야 하는 일들이 얼마나 많은지 생각해보자. 어떻게 후회가 전혀 없을 수 있겠는가? 후회는 삶을 살았다는 증거 그 이상도 이하도 아니다. 이를테면 무릎과 팔꿈치에 남아 있는 희미한 생채기나 흉터 같은 것이다. 좋은 소식이라면 시간이 지나면서 그 상처는 더 이상 아프지 않다는 것이다. 그러나 그 상처가 아예 존재하지도 않는 척 행동하는 것은 솔직하지 못한 태도다.

내가 후회했던 일들을 돌아보면 눈에 잘 띄지는 않지만 계속 되풀이되는 패턴이 있다. 그 일들은 모두 에필로그 첫머리에 쓴 괴테의 충고를 유념하지 못했던 순간과 얽혀 있었다.

나는 망설였던 것을 후회한다.

전력투구가 가진 불가사의한 힘을 경시했던 순간을 후회한다.

전력투구는 세상을 움직인다. 전력을 다하면 힘이 생기고 치유된다. 연료이자 약과 같은 효과가 있다. 전력을 다하면 후회, 무감각, 자신감 결핍에서 벗어날 수 있으며 닫힌 문을 부수고 자갈투성이 길도 다질 수 있다. 자신감이 생기고, 전력을 다했다는 사실 그 자체가 자신감의 근거가 된다. 그뿐 아니라 내면 깊이 숨은 채 잠들어 있는 재능이 깨어나 최선 이상의 결과를 낼 수 있다.

그렇기에 이제 혼자서 천 번도 넘게 되뇌었던 바로 그 말을 여러분에게 전하고 싶다.

내 삶은 내가 만들어가야 하는 나 자신의 것이다.

그 기회에 감사하자.

열정적으로, 대담하게 기회를 붙들자.

무엇을 하기로 결정하든 간에,

온 힘을 다해 전력투구하자.

그리고

지금, 시작하자.

감사의 말

최고의 편집자, 작가, 좋은 친구인 로렌스 셰임스의 귀중한 도움에 감사한다. 조언을 해준 리처드 파인, 좋은 아이디어를 내준 리디아 로이지데스, 그리고 모든 것을 믿어준 존 글러스맨에게도 감사한다.

지금의 삶을 살 수 있도록 도와준 분들에게 감사한다. 부모님, 조부모님, 형 하워드 버핏과 누나 수지 버핏, 팸 버핏, 톰 로저스, 레사 클락, 켄트 벨로우스, 라르스 에릭손, 레인 얀케, 프랭키 패인, 빌 버핏, 에리카와 니콜 버핏, 아내 제니퍼, 그리고 과거, 현재, 앞으로 다가올 미래에 내게 삶의 교훈을 전해준 모두에게 감사의 말을 전한다.

피터 버핏의 12가지 성공 원칙

초판 1쇄   2022년 12월 28일

지은이   피터 버핏
펴낸이   최경선
펴낸곳   매경출판㈜
옮긴이   진정성
책임편집   서정욱
마케팅   김성현 한동우 장하라
디자인   김보현 이은설

매경출판㈜
등록 2003년 4월 24일(No. 2-3759)
주소 (04557) 서울시 중구 충무로 2(필동1가) 매일경제 별관 2층 매경출판㈜
홈페이지 www.mkbook.co.kr
전화 02)2000-2630(기획편집) 02)2000-2645(마케팅) 02)2000-2606(구입 문의)
팩스 02)2000-2609 **이메일** publish@mkpublish.co.kr
인쇄·제본 ㈜M-print 031)8071-0961
ISBN 979-11-6484-490-6(03320)